ゼロから始めるデジタルマーケティング

～「挑戦したいを叶える」ために必要なこと～

累計1000社のデジタルマーケティングを
コンサルティングしてきたトップが、その本質と新常識を解説する！

プレジデント社

はじめに――悩める企業に〝正しいマーケティング〟を！

世界規模でDX（デジタルトランスフォーメーション）が発展する中、テクノロジーを活用したマーケティング手法である「デジタルマーケティング」は、AIなど先端技術と掛け合わされる形で進化しています。ただ、そこで求められるスキルについて、多くの人が誤解しているのではないか。そんな疑問を抱いたことが、本書を執筆する出発点となりました。

私がデジタルマーケティング事業を展開する株式会社グランネットを立ち上げたのは、2012年のこと。当時のデジタルマーケティング市場は、これといった常識も手法もなく、それぞれの会社が手探りでサービスを展開するという、あまりにも不透明であいまいな状態でした。

「マーケティングに正解はない。ただ、戦い方を確立することはできるのではないか？」

そんな使命感に突き動かされて起業に至ったのです。

そもそも私がデジタルマーケティングの世界に足を踏み入れたのは、2009年ごろグランネット創業前に勤めていたデジタルマーケティング支援会社で営業を担当したことがきっかけです。顧客のデジタルマーケティング強化に取り組むうち、「クライアントから感謝される」「若いからこそ信頼される」といった点にやりがいを感じて、この仕事にのめり込んでいきました。その一方で、業界の問題点も目につくようになりました。

当時のトレンドはリスティング広告やSEO対策などの検索エンジンマーケティングの強化に重きを置くものでしたが、そうした時代性を差し引いたとしても、特にSEO対策業界においては自社の利益ばかりを優先し、クライアントの成果には無頓着なSEO対策の支援会社があまりにも多かったのです。

それを如実に示したのが、グーグルの検索アルゴリズムがアップデートされたときでした。コンテンツの質を評価する「パンダアップデート」やリンクの質を評価する「ペンギンアップデート」など、グーグルの差配1つで評価軸がひっくり返り、業界に激震が走ったのです。

検索エンジンの裏側のアルゴリズムが変わるだけで評価軸がひっくり返る世

界。SEO対策会社は知識やノウハウなどの無形商材を扱っているわけで、クライアント企業からすると、どのような施策を行っていて、その効果がどれくらい出ているのかが見えにくい状況です。

SEO対策会社の側としても、効果的と思われる施策は数多くあるものの、それが必ずしも正解かどうかは確信が持てません。そのため、クライアントに対して、具体的なSEO対策を開示しない会社も多いという、業界特有のブラックボックス化しやすい事情がありました。SEO対策1つとってもこのような具合で、デジタルマーケティングの世界には課題が山積していたのです。

そんな業界の風潮を変えたいと考えて設立したのがグランネットでした。マーケティングに正解はなくても、マーケティングに挑戦するための方法の常識は確立できるのではないか。悩める企業に〝正しいマーケティング〟を提供し、本質的に良いサービスを提供し続けることで、世の中に認められる会社になりたい――それが我々の出発点ということです。

もう1つ、私には気がかりなことがありました。それは、デジタルマーケティングの担い手である「デジタルマーケター」に関する世間のイメージが、実態とかけ離れていることです。デジタルマーケティングという仕事の注目度が高まるにつれ、これを目指す若者も増えてきました。当社の人材採用に応募してくれる人も多くいます。しかし、そういう人にデジタルマーケターの仕事内容や必要なスキルは何かと問うと、多くが「デジタル技術に関する高度な専門知識がある」「さまざまなツールを駆使してデータ分析を行う」「圧倒的な差別化につながるブランディングを実現する」などと答えるのです。

実際、デジタルマーケティングを指南する書籍には、そうしたことを実践するためのスキルがあふれています。しかし、累計1000社以上のデジタルマーケティングやコンサルティングに携わり、各社のマーケティング強化策を成功に導いてきた私の経験からすると、そうした能力はデジタルマーケティングの現場では必ずしも必要とされないのが事実です。

デジタル技術に関する専門知識を持ち、ツールを駆使できる人材は、単に特定の能力を持ったスペシャリストに過ぎません。また、ブランディングの改革を主導するのは、事業についてもっと大きな視野とより高度な専門性を持つ経営者や事業責任者です。

つまり、ほとんどのデジタルマーケターは、事業会社に在籍して自社のマーケティングに従事するか、あるいはマーケティング企業に在籍してクライアント企業のマーケティングを手掛けるのが実態ということです。

そうしたマーケターに必要なのは、「会社のサービス・商品の販売目標に対して、デジタルで売上を上げる戦略立案能力と実行力」であって、ブランディングや分析一辺倒のスキルではありません。

デジタルの知識に偏るのではなく、自社・顧客・競合に対する深い理解。理想を描く力でなく、現実をしっかり認識できる力。マーケターにはそうしたスキルが求められているのです。

もちろん、ビジネスモデルを変革するほどの専門的な知識や、ブランディングを考えられるスキルが全く必要ないというわけではありません。スキルは持っているに越したことはないのですが、理念やビジョンを決めるのはあくまで経営層であり、その理念やビジョンに基づいてマーケターが戦略を考え、さらにその戦略に沿ってスペシャリストが戦術を実行するという、ビジネスにおける流れを理解する必要があるということです。

そう断言できるのは、私自身がかつて知識偏重思考に陥って失敗したからです。前職の営業時代、私は「知識が豊富な頼れる営業担当者」を目指し、よくある困りごとやその解決策を繰り出して、顧客の心をつかもうとしました。しかし、思うように受注が取れません。

原因を探った結果、自分の営業スタイルは知識をひけらかし、あるべき姿を押し付けているだけで、顧客の話に十分耳を傾けていないのではないか、だからニーズを探り当てることができないのではないか――と思い至りました。

そこで方針を変え、潜在的な課題を探ることを目的に顧客とコミュニケーションを取るようにしたところ、営業成績が飛躍的に伸びたのです。なかにはヒアリングの段階で「早く契約したい」とスピード受注に至ることもありました。


デジタルマーケターに求められるスキルとは、デジタルの知識や分析力のような定量的スキルだけではないのです。それにプラスして、現実を踏まえて顧客の課題を解決できる力――いわばコミュニケーション力や現状把握能力、課題発見能力のスキルが絶対に欠かせません。この後者のスキルを本書では「ソフトスキル」と定義し、丁寧に掘り下げていこうと思います。

さらに、デジタルマーケティングに関するもろもろの誤解を解きほぐしつつ、DX時代に価値を生み出せる〝一流のデジタルマーケター〟になるためのポイントを、事例も交えて詳しく解説していきます。

日本はDX推進が遅れており、その要因の1つは、デジタルマーケターの不足だと私は考えています。DXは単なるデジタル化ではありません。「デジタルを使って新しい価値を創ること」です。そして、デジタルマーケティングの本質は「デジタルを使って人を動かすこと」。人の心が動くところに感動が生まれ、それこそがCX（Customer Experience：顧客体験）を高めることとなります。デジタルマーケターは最終的にデジタルを駆使し新しい価値を生み出せる人材、まさにDX時代の立役者であり、DX推進を担うリーダーなのです。

これは決して誇張ではありません。私は学生時代、日本の同調圧力社会に反発して、海外に住むことだけを考えていました。ただ、学生時代にスペインに1年間留学したことをきっかけに、治安が良く、清潔な環境で、礼儀正しくおもてなしの文化がある日本が大好きになりました。

日本に同調圧力が大きくあると感じていたのは、自信がなかったり、自己主張能力が乏しかったりした私自身に原因があり、そう勘違いしていただけだったということに気づかされたのです。そんな大好きな日本が世界でDX時代に戦えなくなってきていることに、私は危機感を抱いています。

はじめに

デジタル時代に世界で戦える日本になるためには、デジタルマーケターが増えることが不可欠です。一人でも多くの人にデジタルマーケティングへの興味を持ってほしい。本書を執筆した背景には、そんな願いもあるのです。

デジタルマーケターの大多数が企業に属しているという事実、そして企業で働くデジタルマーケターがさらに増えることが、マーケター、企業、そして日本社会全体のメリットになるという観点から、本書では企業に所属するマーケターを念頭に、デジタルマーケティングの基礎から実践までをガイドします。

一人でも多くの人にデジタルマーケティングの奥深さとやりがいを実感してもらい、この職業を目指してもらうこと。そして、実際にスキルを磨いて現場で活躍していただくことが本書の目的です。デジタルマーケティングの本質を知る一流のマーケターが増えていく、その延長線上に日本のＤＸ推進やデジタル競争力の強化が実現します。強いニッポンを取り戻すという大きなビジョンへ向けて、デジタルマーケティングの世界へ一歩を踏み出しましょう。

株式会社グランネット　代表取締役　山本真俊

目次

はじめに――悩める企業に〝正しいマーケティング〟を！……002

第1章
デジタルで新たな価値を生む！
DX時代に必要なのは「人を動かす力」

01 「デジタル競争力」こそが、国力の源泉となる……016

02 マーケターの使命は「人を動かすストーリーを描く」こと……027

03 マーケターが持つべきスキルは、すべてのワーカーに有用……041

Contents

第2章 ビジネス基盤の徹底理解でマーケティング施策の質を高める

01 デジタルマーケティングの基本を押さえよう……050
02 デジタルマーケティングの流れは大きく3ステップ……056
03 「自社理解」でビジネスモデルを把握する……062
04 「顧客理解」を通じてペルソナになりきる……074
05 「競合比較」でKSF・ケイパビリティを理解する……092
06 「顧客体験」=CXを高めることが資産になる……099

第3章
限られた資源で最大効果を出すために、予算の使い方を考えよう

01 「投資」「消費」「浪費」の違いとは？……104
02 コスト管理を6つの手順でマスターしよう……110

第4章
これだけはマスターしておきたい実践のための6つの新常識

01 ロードマップは「マーケティングマトリクス」にある……128
02 〝革新〟よりも、現状の〝最適化〟を追求する……131
03 軸をずらした競合比較によって柔軟な視点を持つ……135

Contents

04 CXを高めることで差別化を際立たせる……142
05 映画から新事業を思いつける人材になろう……149
06 ビジネス基礎力を磨き、成長の土台を築く……154

第5章 ケーススタディで学ぶデジタルマーケティングの最前線

01 【大阪府茨木市】グーグルビジネスプロフィールで避難所情報を提供……160
02 【外国語学校・A社】激減したCVの増加へ、サイトをリニューアル……164

03
【エンタメ情報会社・B社】
オウンドメディアを新規立ち上げ……169

04
【システム開発会社・C社】
伴走型支援でサイトの集客をアップ……172

第6章
ホールディングカンパニーを視野に。飛躍へ向けたグランネットの〝流儀〟

01
SEO業界の常識を変える──その使命を忠実に果たす……176

02
ミッションは、「挑戦したいを叶える」……178

おわりに──若い力を信じています……188

Contents

Chapter 1

第 1 章

デジタルで新たな価値を生む！
DX時代に必要なのは「人を動かす力」

Chapter 1

01

「デジタル競争力」こそが、国力の源泉となる

地盤沈下している日本のデジタル競争力

本題に入る前に、なぜ今、日本のビジネスの現場でデジタルマーケターが必要とされるのか、その背景を考えてみましょう。

世界規模でデジタル化が進んでいますが、日本はこの動きに追いつけていないという実態があります。

国ごとのデジタル技術の開発・活用や社会への変革の度合いを測る指標として、スイス・国際経営開発研究所（ＩＭＤ）が発表する「世界デジタル競争力ランキング」があります。

このランキングで日本は年々順位を下げ、最新（２０２３年）版では64カ国中32位と、２０１７年の調査開始以来、過去最低の結果になりました。

アジア地域の上位国ではシンガポール（3位）、韓国（6位）、中国（19位）などがあり、いずれも日本よりデジタル競争力が高いとされています。

ＩＭＤの指摘によれば、日本は「技術的枠組み」は7位と優れているものの、「ビジネスの俊敏性」が56位と、迅速な意思決定に欠ける点が弱みとのこと。49位をマークした「人材」の不足も総合的なデジタル競争力を押し下げる要因となっています。デジタルを通じて価値創出をけん引できるＩＴ人材の育成が急務といえます。

もう1つ、ＩＭＤは「世界競争力ランキング」も発表しています。企業にとってビジネスのしやすい環境を国ごとに指標化したもので、いわば「国の経済力」あるいは「国力」に近いものと見なせます。日本はこちらでも64カ国中35位（２０２３年）と低迷。これも過去最低の記録です。

興味深いのは、デジタル競争力ランキングと競争力ランキングで、上位5カ国の顔ぶれがほぼ重なっていることです。

１位から順に、デジタル競争力ランキングは米国、オランダ、シンガポール、デンマーク、スイス。競争力ランキングはデンマーク、アイルランド、スイス、シンガポール、オランダという具合です。

行政も含めてデジタル化が進む北欧や、ビッグテック（巨大テクノロジー企業）の代表格であるＧＡＭＡＭ（Ｇｏｏｇｌｅ、Ａｍａｚｏｎ、Ｍｅｔａ、Ａｐｐｌｅ、Ｍｉｃｒｏｓｏｆｔ）を擁する米国が競争力を高めている構図が見えてきます。

ビッグテックは世界の企業の時価総額ランキングの上位も占めており、これはつまり、デジタルの最先端を行く会社がトップを取るということ。

今の時代、「デジタル競争力」＝「競争力」≒「国力」となりつつあるわけです。

では、競争力の高い国と日本で何が違うのか。

それは「ＤＸ（デジタルトランスフォーメーション）」の推進度合いです。

DXとは価値を創出して競争力を高めること

ＤＸとは何か、ここで改めておさらいしておきましょう。

経済産業省の定義によれば、ＤＸとは、「企業がビジネス環境の激しい変化に対応し、データとデジタル技術を活用して、顧客や社会のニーズを基に、製品やサービス、ビジネスモデルを変革するとともに、業務そのものや、組織、プロセス、企業文化・風土を変革し、競争上の優位性を確立すること」とされています。

かみ砕いていえば、「デジタル技術を活用してビジネスモデルを革新し、新たな価値を生み出して競争力を高めること」といえるでしょう。

つまりＤＸは、デジタル技術を用いて価値を創出し、事業や企業の競争力強化に結び付けることが肝心であり、単なるデジタル化やペーパーレス化がＤＸではないということです。

経済産業省は、DX推進ガイドラインやデジタル人材の育成・確保などのDXに関係する事柄を、SX（サステナビリティトランスフォーメーション）やGX（グリーントランスフォーメーション）といったテーマとともに「デジタルガバナンス・コード2・0」として統合的にアップデートし、DXのさらなる促進を図っています。

すでにDXを推し進め、競争力を高めている企業もあります。

しかしながら、特に日本ではDXにまだ着手できていない企業は多いですし、それ以前に、そもそもDXをデジタル化やペーパーレス化ととらえる企業も依然として多くあるのが実情です。

DXの手前に2つのプロセスがある

DXは一朝一夕に成し遂げられるわけではありません。そのプロセスは、次のように大きく3つのフェーズに分かれます。

第1フェーズの「デジタイゼーション（デジタル化）」は、アナログで行っている不定形の作業を定型化・定量化し、デジタルの作業へ移行することです。業務プロセスの見直しや時間管理なども並行して進めます。

第2フェーズの「デジタライゼーション（デジタル活用）」では、デジタル化の対象をビジネスや業務全体へ拡大します。コア業務と非コア業務を切り分けるなどして外部の資源も使いつつデータ活用を進め、ビジネス全体の生産性向上を図ります。

こうした基盤の上に、ようやく第3フェーズとして組織全体をデジタル化する「DX」が実現するのです。

クリエイティブな仕事に専念できる環境を整え、データを活用して新しい価値を生み出す。そのためのビジネスモデルを構築していくわけです。

DX推進と一言でいっても、その手前の取り組みも含めて、段階的にデジタル化を進めていく必要があるといえます。

図1▶DXにおける3つのプロセス

	第1フェーズ	第2フェーズ	第3フェーズ
名称	デジタライゼーション	デジタライゼーション	デジタルトランスフォーメーション
具体例	イレギュラーをレギュラー化して、定量的に仕事をする。	データを利用してビジネスや業務全体を効率化する。	定量化されていない業務は、デジタル化が困難となりますので、業務を見直す必要があります。
	▼	▼	▼
	すでに導入済みの部署もありますが、業務内容と時間管理というのは全社的に推進していきます。	社員でなければ対応できない業務以外、費用対効果次第で、アウトソーシングまたはシステム導入を選択肢にいれて検討します。	データを活用した新しいビジネスモデルの構築をしていきます。

出典：グランネット

DX人材の差にみる日本と欧米の教育の違い

日本のデジタル競争力が低迷している1つの理由に、DXをけん引できるIT人材の不足が指摘されているわけですが、これは日本の教育のあり方と無関係ではないでしょう。

日本は長らく知識偏重型の教育を続けてきました。

全員で同じことを学ぶ画一的な学習体系で、しかもその成果を偏差値という数字で評価するわけです。

知識や計算力など数値で測れる定量的能力を「ハードスキル」、コミュニケーション力や課題解決力、創造力、思ったことを自由に探究する能力など、数字で測れない定性的能力を「ソフトスキル」といいますが、日本はまさにハードスキルを重視してきたということです。

その結果、国民全体の学力を底上げできたといえますが、同時に「みんなと同じことができればよい」「横並びでいい」という思考が人々の間に根付いてしまい、型破りな発想や批判的思考、課題解決力といったソフトスキルは培われにくい状況です。

モノづくりの時代は組織の一員として与えられた仕事をこなすことが求められたため、ハードスキル重視の教育でもよかったのです。緻密さ、まじめさなど、日本人が生来持っている気質を存分に活かすことができたからです。

しかし、このDX時代において新しい価値を生み出すには、創造的思考が求められます。正解のない問題に向き合い、解決策を探って状況を突破していく、そんなソフトスキルが養われていないがために日本ではDXがなかなか進まない――そんな側面があるように思えてなりません。

海外に目を向けると、学校では知識を与えてハードスキルを養うだけでなく、思考力や創造性などソフトスキルを伸ばす教育にも力を注いでいることがうかがえます。

その筆頭が米国です。「なぜ?」「どうして?」「どうすれば解決できる?」といった具合に、教師が安易に正解を与えず、生徒に徹底的に考えさせ、考えた内容を発言させます。自由に発言していい、間違ったことを言ってもいいという雰囲気があるのです。日本の教育とは大きく違っています。

そもそもソフトスキルやハードスキルという言葉自体、1960年代後半に米国陸軍で生み出されたもの。そこではソフトスキルは「機械を使わない技能」、ハードスキルは「機械（モノ）を使う技能」と定義されていました。

前者は、言い換えれば「人間・チーム・社会を動かす技能」となるでしょう。戦争に勝つには武器や装備品などモノを扱うスキルだけでなく、チームワークや敵・味方に対するコミュニケーション力や社会的スキルも必要だという軍の思想が見て取れます。


実社会でも同じです。ビジネスシーンで直面する問題は、どれも教科書に答えの載っていないものばかりです。

そこでどう問いを立て、解決策を考え、行動し、次の課題解決へとつなげていくか。ソフトスキルがなければビジネスの荒波を乗り越えることはできないことを米国の人々は知っていて、だからこそそれを子どものうちから身に付けさせようとするのです。

また、米国は移民など多様なバックグラウンドを持つ人が多いので、人種や文化、価値観の違いを乗り越えるためにもコミュニケーションスキルや、難局を打開する協調性、批判的思考などが欠かせません。その意味でもソフトスキルが重視される社会構造になっていると考えられます。

そうした実社会の要請が反映され、米国の学校教育ではテストで高得点を取ることのできるハードスキルだけでなく、コミュニケーション力や課題解決力といったソフトスキルも重要な育成ポイントになっているわけです。


翻って日本はどうでしょう。ハードスキルのみを重要視する傾向があるのではないでしょうか。

現に、義務教育の始まりである小学校でハードスキル以外の教科といえば、体育、図工、音楽、家庭科、道徳といった程度。これらは生活者として必要な素養ではありますが、正解のない課題に創造的に取り組み、ビジネス人として成功するための学びではありません。

米国ではソフトスキルとハードスキルの両方を重視しているからこそ、ビジネスでも新しい発想で商品やサービスを創り出し、変革（トランスフォーメーション）を実現できるのではないでしょうか。

であるなら、このソフトスキルこそがＤＸやデジタルマーケティングを成功に導く大きな鍵になるといえます。

02 マーケターの使命は「人を動かすストーリーを描く」こと

数字だけ見ていては事業の価値は引き出せない

デジタルマーケティングにおけるソフトスキルの重要性について、もう少し掘り下げて考えてみましょう。

そもそもマーケティングとは、

「商品やサービスを売るための仕組みをつくること」
「より多くの顧客を獲得すること」
「市場シェアを拡大すること」
「広告などを通じてお客さまに興味を持っていただくこと」

などを指します。

これらの目標を、インターネットやデジタル機器を使って達成することがデジタルマーケティングということです。

DX時代の現在、ビジネスのプラットフォームはほとんどがデジタル化されています。従って、現代のマーケティングを考えるうえで、デジタルマーケティングを避けて通ることはできないといっていいでしょう。

そして、ここに1つの落とし穴が生まれます。

「デジタルを活用する以上、数字で測れる定量的なスキル＝ハードスキルさえあればライバルに差をつけられるだろう」と短絡的に考えてしまう人が実に多いのです。

事業は収益性が大切ですから、確かにそうしたスキルも重要でしょう。

しかし、数字〝だけ〟を見ていては、その事業（企業）の本質的な価値を最大限に引き出し、市場における競争力を高める〝強いマーケティング〟は実現しません。

数字がマーケティングのすべてであるならば、誰でも同じように高い成果が得られるはずです。これほど多様なマーケティングのノウハウ本やツールがあふれていることは、とりもなおさず、データ〝だけ〟に基づいたマーケティング手法には限界があることを示す証しといえるでしょう。

ＡＩを扱うにもソフトスキルが必要

ＡＩの活用についても同じことがいえます。最先端のデジタルツールということで、機械学習やプログラミングに関する知識やノウハウなどのハードスキルがなければＡＩを扱えないと考える人が多いようですが、それは誤解です。

例えばチャットＧＰＴは人間が日常的に使う自然な言葉で利用できるので、専門的なプログラム言語を習得する必要は基本的にはありません。その意味で時代を変えるシステムとなることが見込まれるのですが、とはいえ漫然と質問するだけではチャットＧＰＴの真価を引き出すことはできません。

チャットＧＰＴを活用するに当たって重要なのは、自分が求めた回答をより正確に返答してもらうこと、すなわち、どう質問を投げかけるかというプロンプトの設計です。プロンプトとは、コンピュータに処理を促す指示や質問のことで、チャットＧＰＴのようなＡＩの機能をフルに引き出すプロンプトがどのようなものか、まだ明確な答えはありません。どんな問いを立てて、そこからどうプロンプトを構築し、求めた回答を得るか。その分析をするには、答えがないものに対して向き合う力、まさにソフトスキルが問われるということです。

デジタルマーケターに必要なスキルは2つ

ここまでの説明を踏まえて、本書ではデジタルマーケターに求められるスキルを次の2つに定義したいと思います。

①ソフトスキル（人を動かす技能）

＋

②ハードスキル（モノを動かす技能）

両スキルの具体例を図2に示します。

ソフトスキルは、「コミュニケーション力」や「課題解決力」「批判的思考」など、数値で測れない定性的能力を指します。

一方ハードスキルは、インターネットやウェブシステムに関する「基本的知識」や「データ分析力」など、数値で評価できる定量的能力とまとめることができます。

デジタルマーケターになるには、どちらかのみを身に付ければいいというわけではなく、2つのスキルを兼ね備えることが重要です。

ただし、ハードスキルは徹底して極める必要はなく、最低限の知識があれば十分です。

計算能力についても、四則演算（足し算・引き算・掛け算・割り算）ができればよいでしょう。本書で説明するデジタルマーケティングでは、微分積分や線形代数、統計、情報理論といった高度な数学力は必要ありません。

むしろ、これからの時代はハードスキルに固執することにリスクが伴うことを知っておいてほしいと思います。

ハードスキルは勉強すれば身に付きますし、ハードスキルの不足を補うマーケ

図2▶ソフトスキルとハードスキル

ソフトスキル 《人を動かす技能》 数値で測れない定性的な能力	ハードスキル 《モノを動かす技能》 数値で評価できる定量的能力
● コミュニケーション力 ● 課題解決力 ● 視野の広さ、柔軟性 ● 創造力 ● チームワーク ● 成長意欲 ● 顧客やチームメンバーに対する洞察力、共感力 ● 対立を乗り越える建設的な思考 ● リーダーシップ　など	● インターネットやシステムに関する基本的知識 ● SEOマーケティング ● データ分析力 ● プログラミング能力 ● データベース管理能力 ● 基本の計算力（四則演算） ● GA4のデータ分析能力 ● Google、SNS広告の管理画面の理解　など

出典：グランネット

ティング分析ツールも登場しています。特に当社で開発・販売する分析ツールは、インターネットやウェブシステムの知識がない人やマーケティング初心者でも、しっかり使いこなせるように設計されています。チャットGPTが専門家だけでなく一般の人でも使えるほど利用の垣根が低くなったように、テクノロジーが進展することで、ハードスキル領域は今後ますますの自動化、システム化が見込まれるでしょう。すなわち、ハードスキルだけではマーケターとして差別化が図れません。この点においても、ソフトスキルを養うことが重要となるのです。

保険会社の営業に学ぶ潜在的ニーズの掘り出し方

英国オックスフォード大学のカール・フレイとマイケル・オズボーンは『雇用の未来』という論文で、将来的に機械化が進んで人間の仕事を代替するようになると示しました。その一方で、「クリエイティビティ」(創造性)と「ソーシャルインテリジェンス」(社会的知性)が必要な職業は、依然として人間が行うと指摘しています。後者はまさにソフトスキルに当てはまるものです。

顧客のニーズを的確に把握し、それを価値として提供するために、今現在のマーケティング施策に何が足りないのかを見極める。対策を立案できたら、社内外の関係者と連携してそれを実現していく――それがマーケターの仕事です。

例えば、マーケティングの分析データから「なぜこの数字は上昇（低下）しているのか」といった変化を読み解くには、自分なりに仮説を立てて原因究明していかなければなりません。思考が硬直化していれば仮説は1つしか生まれませんが、広い視野や柔軟性、批判的思考があれば多くの仮説を導き出すことができます。選択肢の多さは分析や課題設定のレベルを深め、結果的によりよい施策が立案でき、勝ち筋を見出すことにもつながるでしょう。

顧客の潜在的なニーズを探るためにも、コミュニケーション力や洞察力などのソフトスキルが欠かせません。保険会社の営業職がまさにそうです。「保険は必要ない」という人に対して、「これから結婚、子育て、自分や家族の病気、親の介護といったライフステージごとに、お金の問題が発生するかもしれません。そのリスクにあらかじめ備えておきませんか」と働きかけます。本人が意識していない潜在的な課題を探り当て、その解決策として保険商品を提示する。

それに本人が納得すれば、「これで安心できる。ありがとう」という感謝とともに契約に至ることでしょう。

デジタルマーケターも同等に顧客の潜在的ニーズを見出すことが要求されます。課題を明確に知る、あるいは要望を汲み取る力が弱いと、ハードスキルを駆使して解決に導いたとしても的外れな解決に終わってしまいます。施策の起点となるニーズを汲み取る力が、マーケティングではもっとも重要なのです。

営業担当者の優劣を分けるものとは?

ハードスキルで戦う人は〝正論〟を振りかざすことが多いようです。自分の示す解決策に固執し、それを正当化しようとするのですが、それでは人の心は動きません。顧客は一人の人間です。一人ひとりの心を動かすのは〝データ〟ではなく〝ニーズ〟です。データを基に顧客と向き合うのではなく、顧客の要望を叶えるためにデータを活用することが重要ということです。

成績の芳しくない営業担当者は顧客ヒアリングの席で、「先月どれくらいのアクセス数があったか」「どれくらいのCV（conversion：問い合わせ、会員登録、イベントの参加申し込みなど）が獲得できたか」などデータばかり聞こうとします。そのデータを改善するための施策を提案するわけですが、そうした提案だけでは顧客の心に刺さりません。

他方、優秀な営業担当者は、話のキャッチボールを通じて顧客のビジネスと向き合い、顧客のペルソナ（サービスや商品のユーザー像）を考えます。そして競合との比較に取り組み、現在の課題を顧客と洗い出し、一緒に解決策を考えるのです。だからこそ顧客はワクワクする未来を描くことができる。そのようにして心を動かされるからこそ、「この人の提案する商品を買おう」と決断してくれるのでしょう。

これは営業の話ですが、クライアントよりもクライアントのことを知る、ペルソナになりきることで顧客の潜在的課題を見出すことができるのです。

良いものを適切な価格で世の中に提供すれば勝手に売れていくといったことは、戦後のモノ不足の時代ならともかく、現代ではまずあり得ません。商品やサービスの特性を見極めて、それを求める人にしっかり届ける。あるいは消費者自身でさえ意識していないニーズを顕在化して、商品やサービスの見せ方につなげていく必要があります。

ときにペルソナは自分とかけ離れた属性を持つこともあります。そのペルソナになりきるには、役者のように他者の心情に寄り添う共感力や人間に対する洞察力が求められます。それを実現するものがまさにソフトスキルなのです。

飲み会を成功に導く幹事は優秀なマーケターである

デジタルマーケターの役割をわかりやすく例えるならば、「飲み会を上手に仕切る幹事」といったところでしょうか。

飲み会を企画し、参加者を集め、会費を徴収し、みんなに満足して帰ってもらう。そして、「楽しかった！　また幹事をしてほしい！」と参加者に言わしめる――これは立派なマーケティング能力です。

ここでいう「飲み会の参加者」を「顧客」に置き換えれば、企業もまったく同じことをしています。

商品やサービスをよりよく見せる企画を立てて関心を引き、「買いたい」と思ってもらい、実際に商品やサービスを購入してもらう。そして、その購買行動を通じて「いい買い物ができた」と満足感を抱いてもらい、さらに「またここで買おう」「この会社の他の商品やサービスも買ってみたい」と、その顧客に自社のファン（固定客）になってもらう――。そんなふうに「人を動かす」ことがマーケティングの根幹なのです。

デジタルマーケターの仕事は、ウェブサイトやデジタルツールからの集客目標を達成することを目的として、現状把握から対策立案、施策の実施までを主導することですが、それはあくまで表層的なもの。核心は「人を動かすこと」、より正確にいえば「人を動かすためのストーリーを描くこと」です。

人は他人から言われてその通りに動くとは限りません。むしろ押し売りされると「この店では絶対に買わない」となってしまうこともあります。押し付けではなく、その人の「買いたい」気持ちを引き出すためのストーリー（流れ）を描くこと、それこそがマーケターの仕事の本質です。そして、ストーリーをうまく描くには人間の心の機微をとらえる必要がある。まさにソフトスキルの出番となるのです。

マーケティングの質を左右するのはソフトスキル

ハードスキルだけでなく、ソフトスキルも高度にバランスよく兼ね備えることがマーケティングの質を底上げするわけですが、実はこの事実を認識せず、ハードスキルのみを追求するデジタルマーケターやその志望者が多いのです。

「デジタルマーケティングが得意だ」という人に、では何ができるのかと尋ねると、「デジタル広告を運用できる」「グーグルアナリティクスの管理画面を操作できる」「〇〇というプログラミング言語の資格を持っている」といったハードスキルに偏っていることが珍しくありません。

こうしたスキルだけでは「人を動かす」ことは難しいでしょう。

顧客の気持ちを考えて、買いたくなる商品やサービスをどう提案できるか。デジタルマーケティングの仕事の本質はそこにあるのですが、分析だけしていればいい、ツールさえ扱えれば成果を出せると思っているデジタルマーケターが多いのは残念なことです。

ブランディングはマーケターの仕事ではない

ハードスキルに偏った人のほかに、残念なデジタルマーケターにはもう1つのタイプがあります。

それは「ブランディングが自分の仕事である」と考えている人です。

著名なマーケターの中には、ブランディングの手法を用いて傾いた企業を再生させる人がいます。おそらく、そうしたカリスマ的なマーケターのように自分も活躍したいと考えているのだと思いますが、それは短絡的といわざるを得ません。

ブランディングや経営（事業）の立て直しといった大きなテーマは、経営者層や事業責任者が取り組むべきもの。カリスマ的なマーケターは、マーケターを名乗っているかもしれませんが、その実力、実績は経営層に匹敵するレベルで、厳密には「経営のプロ」といった方が近いのです。

デジタルマーケティングには難易度によって段階があります。それは第4章で説明しますが、ブランディングはその最終段階にあるもっとも難易度の高いものです。そこに携わりたいという志は立派ではあるものの、デジタルマーケティングの基礎も固まっていないうちからブランディングに従事したいと考えるのは、登山の初心者がいきなりエベレストの頂上を目指すのと同じです。マーケターとしてキャリアを積んでいきたいのであれば、まずは足元の課題を確実に解決できるようになることが先決です。

では、その課題とは何でしょうか。

一言でいえば、「限られた予算の中で、今ある商品やサービスの売上を最大化すること」です。「ビジネスモデルの変革」だとか「見せ方をガラリと変える」といったような、ブランディング的な手法を用いるのではありません。

コストを湯水のように使っていいのであれば、マーケターとしての実力は不要です。手あたり次第、マーケティング施策に投資をすればいいのですから。あくまでも、限られた予算の中で、最大限の効果を発揮する戦略を立案し、実行する。デジタルマーケターとして、このことだけに集中するのです。

ブランディングは基本的に経営者や事業責任者が担うものであって、現場を担当するデジタルマーケターが担うものではないということに留意しておきましょう。

03

マーケターが持つべきスキルは、すべてのワーカーに有用

組織で働いた方がいい4つの理由

ここまで、デジタルマーケターが求められる背景や、デジタルマーケターが備えておくべきスキルについて説明してきました。

もう1つ、デジタルマーケティングの仕事をどこで行えばいいのかということについて考えてみたいと思います。

マーケターを志す若者の中には独立したいと考える人がいます。それはハードスキルを重視する人に多く、パソコン1台あれば仕事ができる、フリーランスや個人事業主として自由気ままに働ける――そんなイメージを抱いているのかもしれません。

結論からいうと、デジタルマーケターとして長く活躍したいと思うのなら、

まずは企業に就職することが得策です。組織で着実に成果をあげ、成長していく道を選ぶのが賢明ということです。理由は４つあります。

１つ目は、企業の構造を肌で理解できるからです。

どのような部署があって、そこで誰がどんな仕事をしているのか。自社が扱う商品はどのようにつくられ、お客さまが払うお金は会社の中でどのように使われるのかなど、お金、モノ、人、情報というビジネスに不可欠な要素の流れを深く理解することができます。

そうした知識がマーケティング活動では必須で、それを身に付けられるという意味で企業に属して働くことには大きな意義があります。

２つ目に挙げられるのが、組織にいる方がソフトスキルを身に付けるチャンスに恵まれること。

会社で働いていると、社内の人はもちろん、顧客や協力会社の人など、多くの人と否応なく接することになります。ときには人間関係を煩わしく感じることもあるかもしれませんが、摩擦があってこそコミュニケーション力や課題解決力、チームワーク、さらには異なる意見を統合して互いに納得できる着地点を見出すディレクション力などが磨かれます。そんなときこそソフトスキルを高めるチャンスなのです。

企業で働きたい理由の3つ目は、仕事で失敗しても自分一人でダメージを背負わずに済むからです。

これは企業の考え方にもよりますが、少なくともグランネットでは、社員に対して「成長するために必要なミッションなら失敗しても構わないし、やりたいビジネスには挑戦してほしい」と伝えています。

グランネットのミッションの1つは、社員一人ひとりに挑戦できる環境を与えること。もちろん成功できればいいですが、成功を目指す中で得た経験は研修では得られない貴重なものになると考えていますし、自分自身がやりたいことに全力を注ぐことが結果的に社員のパフォーマンスを最大化できると考えています。チャレンジを促すことで社員は成長の機会を得ることができ、会社としても事業を変革するチャンスを得られるということです。

ですからグランネットの社員は失敗したからといって評価が下がりません。

挑戦した時間で得られた経験や学びを活かしてもらうことを考えてもらいます。結果として失敗を恐れず、いろいろなことに果敢にチャレンジできるわけです。失敗できるのは会社員の特権。その優位性をぜひとも活用すべきでしょう。

身近にロールモデルが得られるのも利点

企業内マーケターを勧める理由の4つ目は、身近にロールモデルが得られることです。

マーケティングの基本は目指すべき競合を見つけて、それとの比較対象となる基準（ベンチマーク）を設定し、その差分を埋める施策を実行していくことです。企業勤めをしていると、これと同じことを職場の先輩、上司、同僚などを対象に実践できます。

いわば〝キャリアのベンチマーク〟が持てるわけで、これもまた自身の成長につながります。

何かを身に付けようとするとき、「資格を取ろう」「本を読んで知識を仕入れよう」などと、ひたすらインプットに励む人がいますが、職場には生きた教科

Chapter 1

書がいるわけです。自分が目指す分野に長けている人ともっとコミュニケーションを取ってみたり、見よう見真似でノウハウを採り入れたりと、まず行動してみましょう。その方が短期間で成長できるうえ、ソフトスキルの体得にもつながります。

さまざまな企業が採り入れる「ＴＴＰ」、すなわち「徹底的にパクる」というコンセプトは、まさにこれを企図したもの。企業の環境はＴＴＰを実践するのに適しているのです。

もちろん企業に属するか属さないかの判断は本人が下すもので、他人がとやかくいうことではありません。

しかし、ここで挙げた4つの理由を踏まえると、デジタルマーケターが企業に属して働く方が多くのメリットがあることは間違いないといえるでしょう。少なくとも、若く成長の途上にあるデジタルマーケターは、組織に属した方が得るものは大きいはずです。

そんな思いから、この本では自社のマーケティングに取り組む「企業内デジタルマーケター」を対象に、新たな価値を創出し、競争力を引き出すためのポイントを伝えていきたいと考えています。

また本書は、マーケティング会社でクライアント企業のマーケティングを請け負うマーケターにも活用してもらうことを想定しています。

その場合、「自社のデジタルマーケティング」「自社のサイト」といった表現は、「クライアント企業のデジタルマーケティング」「クライアント企業のサイト」と読み替えてください。

一人ひとりがマーケターであれ

さて、マーケターの仕事は「人を動かすこと」と説明しましたが、企業で働くことを前提とした場合、この「人」は顧客だけでなく、社内外の関係者も含むことになります。

ビジネスの現状を見つめ、そこから潜在的な強みを引き出して新たな価値の創出へとつなげていくには、営業や販売などのフロントオフィス部門、情報システム部門や経理、総務などのバックオフィス部門、さらに経営層や事業責任者、クライアント企業、協力会社などと緊密に連携しなければなりません。

デジタルマーケターはその中心で関係者とうまくコミュニケーションを取り、目標達成に向けて人々をリードしていく必要があるのです。ソフトスキルはそこでも真価を発揮します。

もっとも、周囲とコミュニケーションを図って課題を達成するという行為自体は、マーケティングに限らず、どんな仕事でも求められます。営業や開発はもちろんのこと、バックオフィス部門でも自分の仕事を責任持って遂行するにはソフトスキルが問われます。

例えば、人事部の採用担当者なら、目標の人数を採用することがミッションとなります。それを達成するために、採用活動における自社の現状や競合他社の動きを分析して、志望者の気持ちになって採用のあり方を改善していきます。すなわち〝志望者から選ばれるたった1つの会社〟になるための施策を打っていくわけです。

これはまさに人を動かすことを目的とした、マーケティングに重なる取り組みといえます。

このように考えると、マーケティング活動はマーケターだけの専売特許ではないとわかります。どんな仕事でも必ず何かと競合しており、それゆえ人を動かすマーケティングのスキルはどの部署でも役立ちます。グランネットでは、一人ひとりが「マーケターであれ。」というバリューも掲げていますが、それはこうした観点に立ってのことです。

マーケティングは狭義ではモノを売ることを意味しますが、広くとらえれば自分の仕事の価値を別の人に提供することといえます。

誰に、どのような価値を、どのように提供していくかを考え、実際にその価値を伝えるときには相手が何を望んでいるかを見極めて最善の形を探っていくのです。

ソフトスキルを伴ったマーケティング術を駆使して、価値ある仕事をすること。日々のその蓄積の上に自分自身のキャリアが築かれていきます。そしてその先にワクワクする未来が開けていくのです。

すべての人に有用なデジタルマーケティング。次章から、いよいよその本質へ迫っていきましょう。

Chapter 2

第 2 章

ビジネス基盤の徹底理解で
マーケティング施策の質を高める

Chapter 2

01

デジタルマーケティングの基本を押さえよう

ウェブサイトを起点に見込み客を獲得する

この章では、デジタルマーケティングの構成要素と進め方について見ていきます。先ほど、デジタルマーケターの仕事について「インターネットやデジタル機器を使ってマーケティングを行うこと」「人を動かすためのストーリーを描くこと」と説明しましたが、ここで改めて本書におけるデジタルマーケターのミッション（仕事内容）を示しておきましょう。

《本書におけるデジタルマーケティングの定義》

ウェブマーケティングを中心としたデジタル基盤を通じてリード（見込み客）や顧客を獲得し、販売（契約）への筋道をつけること。

ウェブマーケティングはデジタルマーケティングの一部を構成するもので、ウェブサイトやメール、ウェブ広告、SEO、SNSなどを活用したマーケティングを指します。ウェブサイトには、主にリードに向けて自社の商品やサービスをアピールする「サービスサイト」、インターネット上で商品やサービスを販売する「ECサイト」、社会や顧客に向けて情報を発信する自社所有の媒体「オウンドメディア」、広く社会に向けて事業内容やIR情報、採用情報など、企業の情報を発信する「コーポレートサイト」、人材の採用を目的とした「採用サイト」などがあります。

本書ではウェブマーケティングを重視しますが、その理由としては、SNSのみで完結する一部のSNSマーケティング以外のデジタルマーケティングは、主に最終的に企業のウェブサイトを通してリード獲得または購入に至るから。そこをテコ入れすることで、コストを抑えつつ大きな成果が見込めるのです。

スマートフォンが普及して、インターネットは生活になくてはならないものになりました。消費者の検索行動は大幅に増加し、グーグルの年間検索数は過去約20年間でおよそ2000倍にまで拡大。2021年にはネット広告費がマス4媒体（テレビ・ラジオ・新聞・雑誌）の広告費を上回るまでになりました。これらの数字は、マーケティング活動の主戦場がインターネットへと移行していることを示しています。

図3▶各メディアの状況

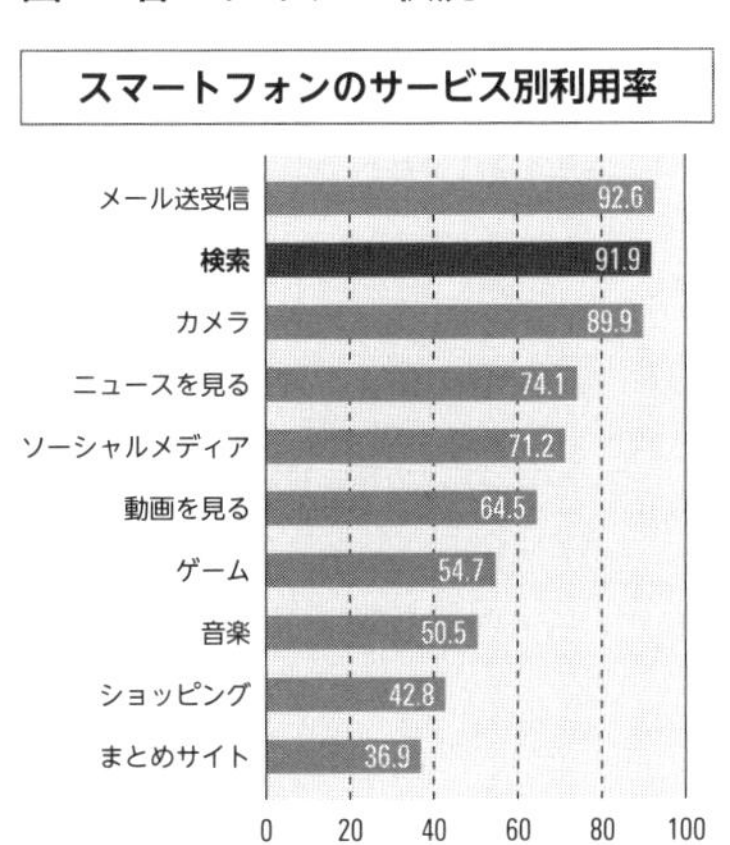

91.9%が検索目的で利用

Google年間検索数の推移

(兆円)
2.5
2.0
1.5
1.0
0.5
0
2兆円／年
2008年
iPhone登場
1999
2000
2001～2003
2004～2008
2009
2012～2015
2016推計
(年)

過去20年間でおよそ**2,000倍増加**

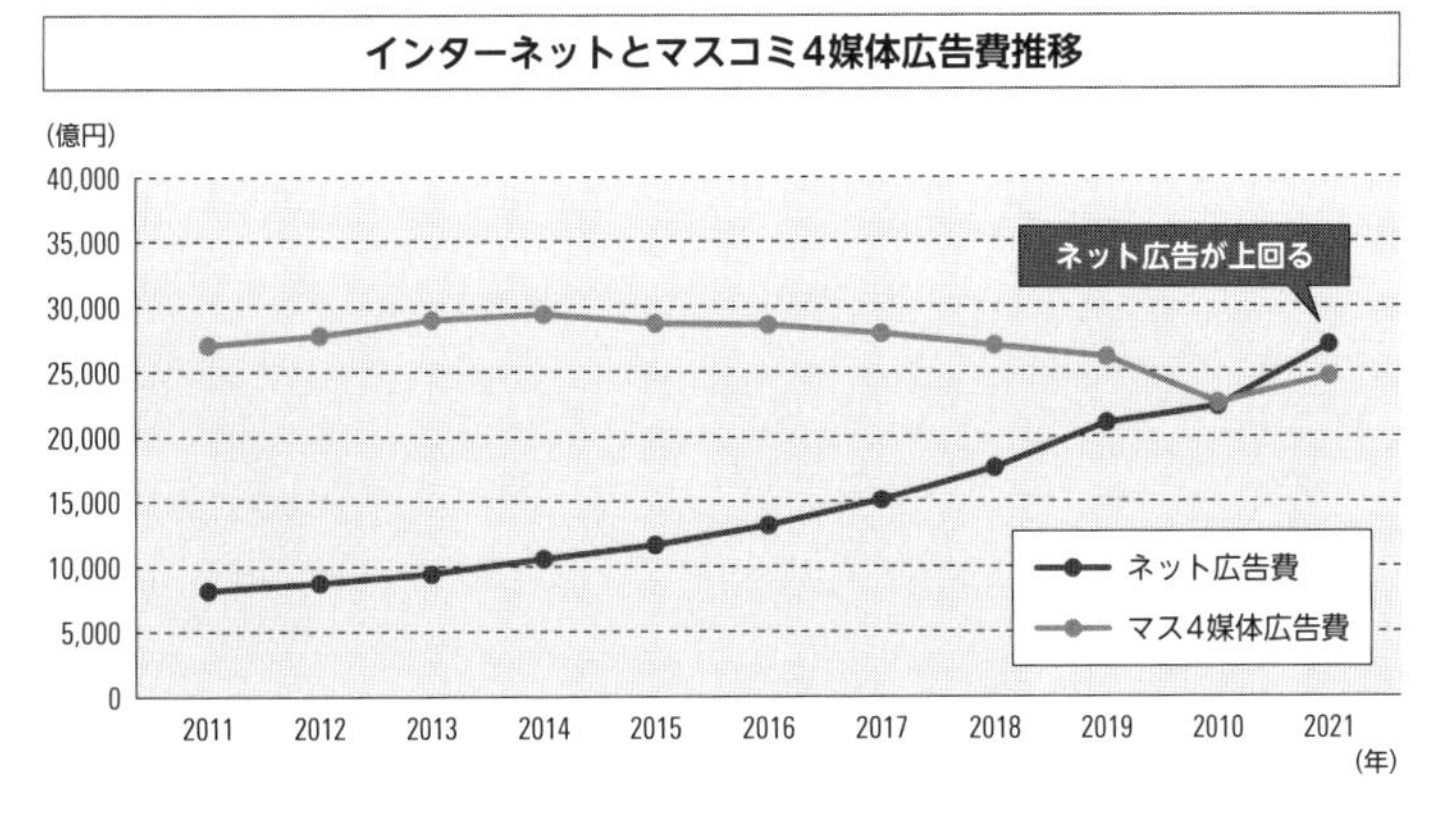

出典：電通「日本の広告費」をベースにグランネット作成

Chapter 2

消費者の購買モデルも様変わりしています。

企業側からのアピールで商品を知るかつての「AIDMA」モデルから、ユーザー自らが日々の検索を通じて商品を見つける「DECAX」モデルへと変化しているのです。

ここ数年で急激にデジタル基盤、特にウェブサイトやメール、SNSなどを中心とするウェブマーケティングが重要性を増していることになります。企業としては当然ながらこの変化に対応しなければなりませんが、キャッチアップできている企業はそれほど多くないのが実情です。

図4▶「AIDMA」モデルから「DECAX」モデルへ

出典：サミュエル・ローランド・ホール著『Retail Advertising and Selling』、
および電通デジタル・ホールディングス（当時）の内藤敦之氏の提唱からグランネットが作成

そのウェブサイトは資産になっているか？

今やほとんどの企業が何らかのウェブサイトを持ち、それを1つの収益源にしたいと考えています。しかし、そのためにはどうすればいいか、わからない企業が多いのも事実でしょう。数多くの企業のコンサルティングを手掛けた立場からすると、ウェブサイトが収益に直結していると実感している企業は2割程度という印象です。

活用できていない原因は、どんな人が、どのページを、どのような目的で見ているのか、また購入や問い合わせに至らずにウェブサイトを離れる人は何が原因で離れてしまうのかといったユーザーの動きを可視化できていないことにあります。

実店舗であれば、お店にお客さまがどれくらいやってきているのかが一目瞭然です。来店したお客さまの性別や年齢も一目で把握できますし、商品を品定めする様子から、どんな商品に関心があるか、購入意欲はどれくらい高いかといったことの見当もつけられます。さらに対面ですから店員も声をかけやすく、例えば洋服を扱うお店であれば、お客さまの服装などから「このようなコーディネートもいいですね」などとレコメンド(その人に合った商品を推薦すること)もできます。

このように対面の接客では顧客の動き、属性、ニーズなどを容易に把握でき、それに見合った対応ができるわけです。しかし、ウェブサイトでは当然ながらユーザーはモニターの向こうにいるので、どういう人が何を求めているかがわかりません。そうなるとサイトの運営者(企業)は顧客のニーズを汲み取れず、適切な対応ができずに利益を逃してしまうというわけです。

ウェブサイトは、多くのリードの最初のタッチポイントとなっています。対面での接客のように、あるいは対面での接客以上にホスピタリティを実現し(=CXの向上)、サイトを訪れたユーザーをつなぎとめ、問い合わせや購買といった行動を起こしてもらう必要があります。

ウェブサイトがその企業に価値をもたらす資産になっているかどうか。まずは現状把握を通じてその点をしっかり可視化し、課題を抽出してサイトを最適化していくことが重要です。こうした基本を押さえたうえで、次にデジタルマーケティングの流れを見ていきましょう。

Chapter 2

02

デジタルマーケティングの流れは大きく3ステップ

まずは3C分析で現状を正確に把握

デジタルマーケターの仕事は、ウェブサイトを始めとするマーケティングの現状を把握して課題を抽出、さらに対策を考えて実行し、その効果を検証することですが、この中でも特に重要なのが最初のステップである「現状の把握」です。現時点の状況を正確に把握できなければ、設定する課題も対策も的を射たものになりません。

現状を把握するための分析手法として広く知られているのが、マーケティング環境を分析するフレームワークである「3C分析」です。

3Cとは「Company（自社）」「Customer（顧客）」「Competitor（競合）」のこと。この3つの要素を掛け合わせて、デジタルマーケティング施策のKSF（Key Success Factor：重要成功要因）を設定します（図5参照）。

図5▶「3C分析」を利用してKSFを設定

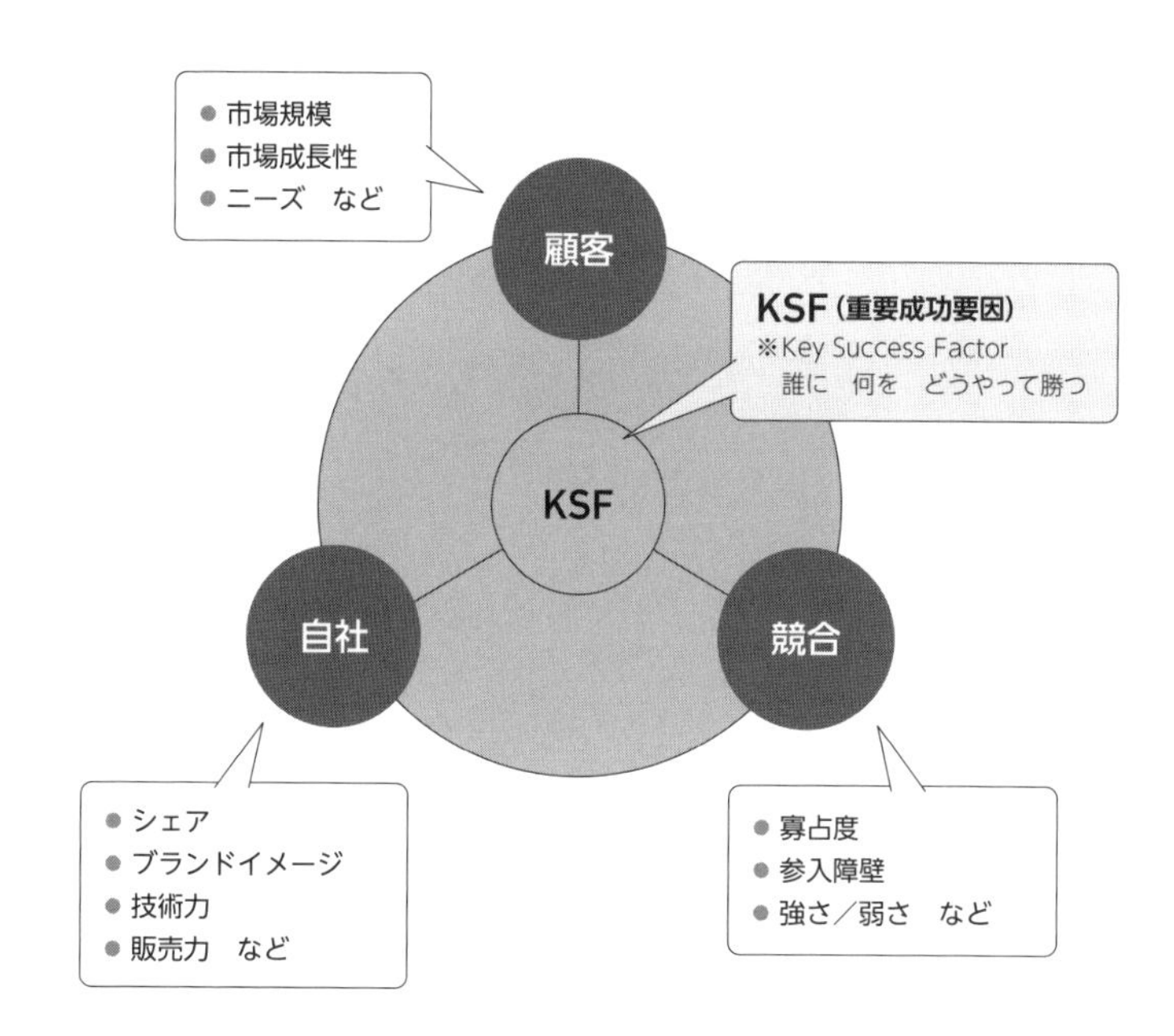

**自社の経営環境を分析し、
経営課題や戦略代替案の発想などに活用**

出典：グランネット

3Cの3つの要素は、5W2H（WHO、WHY、WHEN、WHERE、WHAT、HOW MUCH、HOW）に置き換えるとわかりやすいでしょう。

ただし、ここで重要なのが、自社・顧客・競合という3つの要素を分析・理解したうえで、CX（顧客体験）を高めるために何ができるか、戦略を練っていくことだといえます。

従って、3C分析における分析の要素は「自社理解」「顧客理解」「競合比較」に「顧客体験」を加えた4つで考えるとよいでしょう。

こうして精緻に現状を把握し、目指す競合との差分をベンチマークとして決定します。

次に行うのが、その差分を埋める施策の立案・実施です。

施策の実施においては並行してPDCAサイクルも回し、その妥当性も検証して、必要な場合は施策を修正していきます。

施策を実施して競合との差分を埋められても、そこで終わりということではありません。

図6▶「3C」の要素は5W2Hに置き換えて考える

5W2H	分析の軸	3Cに対応する要素
誰に【WHO】	ターゲット層・ペルソナ	カスタマー（どういうニーズを持った人が、いつどこで求めているか）
なぜ【WHY】	ニーズ（解決すべき課題）	
いつ【WHEN】	繁忙期／閑散期など	
どこで【WHERE】	商圏・プレイスメント・チャネル	
何を【WHAT】	商品・サービス・プロダクト・ケイパビリティ（自社の強み）	自社と競合（何を、いくらで買いたいか）
いくらで【HOW MUCH】	提供価格の設定	
どうやって【HOW】	限られた予算で採り得るマーケティング手法	手段（接点）

出典：グランネット

競合に勝つためには、これを追い越し、独自の価値を提供する必要があります。それが4つ目のCXを高める施策ということです。CXを追求し、競合に対する優位性を確立していくわけです。

一連の流れを最適化し、予算内で売上を最大化する

ここまで説明したデジタルマーケティングの流れをまとめると、次のようになります（以下の「自社理解」と「顧客理解」の中にある【　】内の要素は、それぞれの分析におけるキーワードだと考えてください）。

《デジタルマーケティングの流れ》

①3C分析（自社・顧客・競合）で現状把握とベンチマーク決定
■自社理解……ビジネスモデルを理解する
【経営資源、バリューチェーン、THE MODEL】
■顧客理解……ペルソナになりきる

【業種理解、市場理解、ペルソナ／カスタマージャーニーマップ、ニーズ三角形、BANT情報】

■競合比較……KSF・ケイパビリティを理解する
■顧客体験……CXを高めることでウェブサイトを企業の資産にする

②ベンチマーク差分を埋めるためにPDCAを回す
↓目標と予算配分を設定し、実行・効果検証・対策立案を行う

③CXを高める施策を実施する

これら一連の流れを最適化して、限られた予算で売上を最大化することがデジタルマーケターに求められているのです。

デジタルマーケティングの全体像をつかめたところで、次のパートから3C分析における「自社理解」「顧客理解」「競合比較」「顧客体験」、それぞれの要素やプロセスについて詳しくみていきましょう。

03

「自社理解」でビジネスモデルを把握する

自社のビジネス環境を理解しよう

3C分析の第一歩は会社組織やビジネスモデルの理解、すなわち「自社理解」。3Cの「Company（自社）」に該当するものです。

自社でどんな人がどんな仕事をしているのか、顧客にはどんな人がいるのか、業務で何が求められているのかなど、仕事の環境を把握します。

自社理解のためのキーワードは次の3つです。

①【経営資源】……社会に価値を提供するための予算や人材を知る
②【バリューチェーン】……組織の成り立ちを理解する
③【THE MODEL】……自分の責任の範囲を知る

順に1つずつ説明していきましょう。

①【経営資源】社会に価値を提供するための予算や人材を知る

太古の昔、人々は狩猟をして暮らしていました。共同体の構成員で協力して獲物を倒して、それを食料としていたわけです。何かしらの貢献をしなければ、その人は食料を獲得することはできませんでした。

資本主義の現代においても、その営みの基本的な構造は変わりません。価値を自ら獲得する、もしくは共同体に提供して、その対価として報酬（給料）を得るという意識が問われます。

企業は営利法人です。経営資源を使って社会に価値を提供し、対価として利益を得ています。その一員であるデジタルマーケターは、経営資源（予算や人材）を使って社会（顧客）に価値を提供し、対価として利益を得る立場にあります。利益への貢献ができる人材になることがマーケターのゴールであることを、まずは肝に銘じておきましょう。

ただ、マーケティング活動は会社の売上のきっかけをつくることでもあるので、ここでいう利益貢献は単に利益をあげるというだけでなく、ノウハウ、データ、経験、人脈、信用といった経営資源の形成も含まれます。利益をあげる、もしくはその後の事業活動に役立つ資源（資産）を積み上げる――それができることが優秀なマーケターであるといえます。

②【バリューチェーン】組織の成り立ちを理解する

自社理解のキーワードの2つ目が「バリューチェーン（価値連鎖）」です。ハーバード・ビジネススクール教授のマイケル・E・ポーターが提唱した、企業におけるさまざまな活動を最終的な価値創出に向けた流れの中でとらえるという考え方です。

会社の組織図（各部門の役割責任）を見ると、「仕入れる（購買）」「つくる（製造）」「届ける（出荷）」「広げる（販売・マーケティング）」「対応する（サービス・営業・顧客窓口）」などのチームがあることがわかります。お客さまと直に接することのない事務部門や技術部門も、利益に直結する主活動を側面から支援するという意味で、やはり利益追求に深く関与しています。

図7▶「バリューチェーン（価値連鎖）」とは？

バリューチェーン（マイケル・E・ポーター）：
事業を顧客に対する価値連鎖で分解し、競争優位の源泉を見出すために利用される

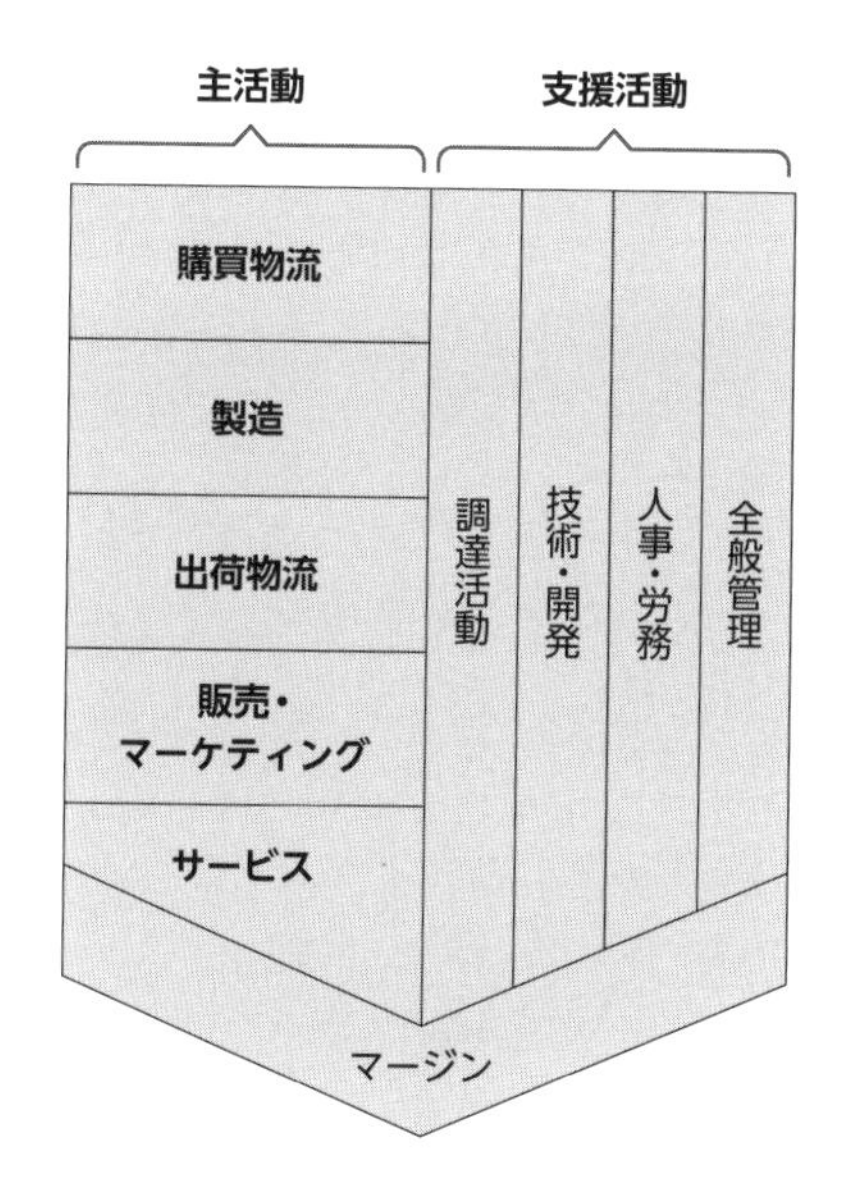

**事業の価値連鎖を分解し、ビジネスモデルを理解し、
優位性の源泉を把握**

出典：グランネット

組織図にはバリューチェーンが凝縮されています。自社の商品・サービスが、どのように顧客に知られ、どのようにデリバリーされているか。各部門で働く人々が、どのような役割を持ち、どんな責任を果たしているのか。誰に、どのような価値を、どのように提供しているのか。そうしたことを把握することで、自社のビジネスの収益のポイントを深く理解することができます。

そのうえで自分の仕事が、あるいは自分が所属している部門が、一連のバリューチェーンのどこに位置しているのかをつかみましょう。そうすることで自らの仕事の役割や責任がおのずと見えてきます。

マーケターの仕事は、社内のバリューチェーンの支えがなければ成り立ちません。業務を遂行するうえで社内の支援を得るためにも、バリューチェーンを理解して謙虚で素直な気持ちを持ちましょう。

③【THE MODEL】自分の責任の範囲を知る

自社を理解するためのキーワードの3つ目が「THE MODEL」です。

THE MODELとは米国のセールスフォース社が生み出した営業の分業

制度です。詳しくは『THE MODEL』(福田康隆著、翔泳社)という書籍を一読いただくとして、ここでは概要を説明します。

一般的な営業システムでは、リード(見込み客)へのアプローチ、獲得、育成、提案、契約、サポートまでを一人の営業担当者が手掛けています。しかし、このスタイルでは業務が属人化し、効率のよい営業活動が実現できません。

そこでセールスフォース社では営業プロセスを、

①リードを獲得するマーケティング部門
②リードを育成・選定するインサイドセールス部門
③商談・受注・契約を行うフィールドセールス部門
④顧客のサポートを行うカスタマーサクセス部門

に切り分け、分業化しました。このフレームワークがTHE MODELです。

THE MODELの優れているところは2つあります。

1つは、リードの購買意欲(受注確度)の度合いごとに、誰がどのような対応をすべきか明確にできる点です。

消費者が商品やサービスを購入するまでのプロセスは、まずその商品・サービスを認知し、興味・関心を持つことから始まり、他の商品やサービスとの比較検討、商談を経て、納得がいけば購入という手順を踏みます。

このプロセスの初期〜中期にあるリードをＭＱＬ（Marketing Qualified Lead：マーケティング活動によって得た見込み客）と呼びます。

また、より商談化の確度を高めたリードはＳＱＬ（Sales Qualified Lead：営業活動で得た見込み客）と呼んで区別します。

商品・サービスを認知しているリードから購入に至る顧客までは徐々に人数が絞られるため、対象となるボリュームは図8のように逆三角形を描きます。

認知から購入に至るプロセスのうち、最初の活動であるＭＱＬ獲得を担うのがマーケティング部門です。ウェブサイトやメールマガジン、ＳＮＳ、広告などを通じて、集客やリードの獲得（ジェネレーション）を目指します。この活動はリードジェネレーションとも呼ばれます。

獲得したリードは、インサイドセールス部門に引き継ぎます。インサイドセールスはＭＡ（Marketing Automation：マーケティング自動化ツール）などのツールも活用してリードと接点を深め、商談化（案件化）へ向けてリードを育成（ナーチャリング）していきます。ここでの活動はリードナーチャリングとも呼ばれます。

ＭＱＬはまだ商品やサービス、あるいは自社のことをそれほど知りません。いわば初めて認知していただいた関係にあります。この段階でいきなりコンバージョン（商談や購入）に持ち込もうとするのは性急でしょう。商品やサービスの良さを知ってもらうために、試供品を提供する、無料期間を設ける、セミナーに参加してもらうといったナーチャリング活動を行うのです。

その結果、ＭＱＬの商談の意欲が高まったら、そのリードはＳＱＬとなります。ＳＱＬの獲得がインサイドセールス部門の使命といえます。

図8▶MQLとSQL

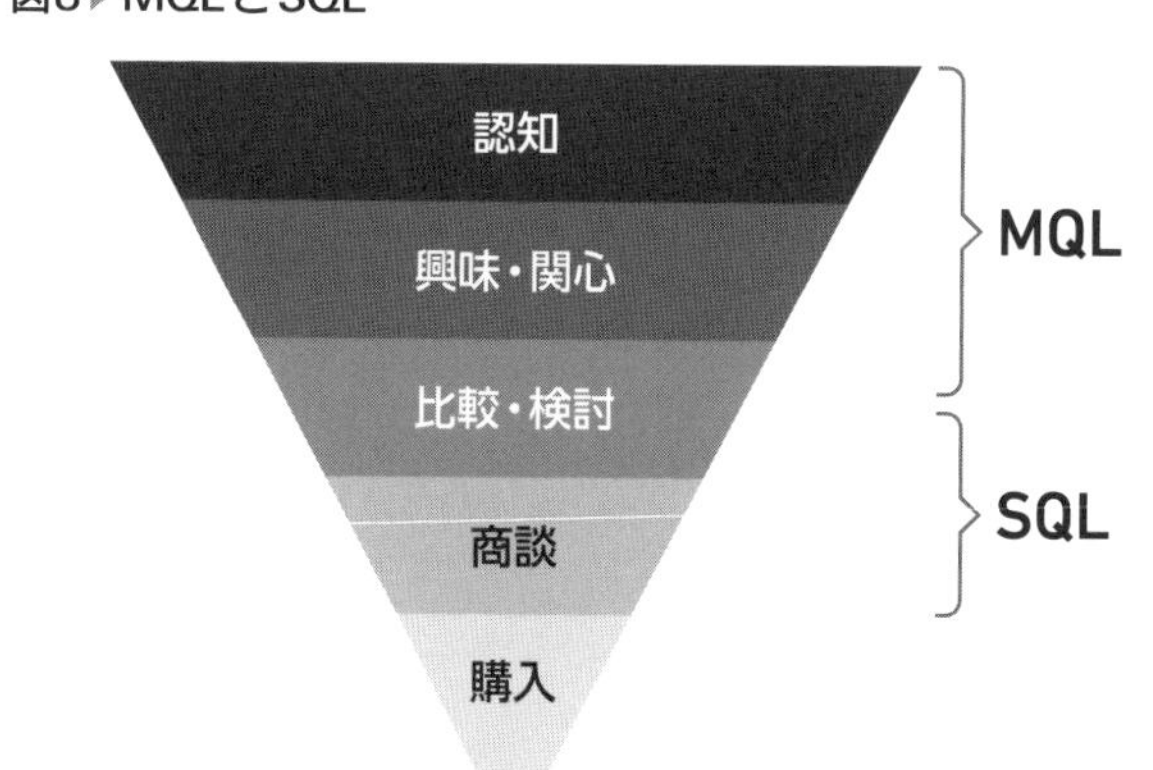

出典：グランネット

次のステップで商談を進めるのがフィールドセールス部門です。この部門の目的は受注で、ＳＱＬの課題解決、最終的な交渉、契約手続きなども行います。契約が完了するとＳＱＬは顧客となり、その後はカスタマーサクセス部門にバトンタッチします。

カスタマーサクセス部門のミッションは、顧客満足度の向上とＬＴＶ（Life Time Value：顧客生涯価値）の向上です。できるだけ長く契約を維持していただくため、取引の開始から終了までの満足度を高めます。

ここまでの説明を表にまとめると図9のようになります。

ただし、図9はマーケティング活動の基本形（理想）です。企業によって分業のスタイルが変わることもあります。

例えば、

- マーケティングとインサイドセールスが同じ部門
- インサイドセールスとフィールドセールスが同じ部門
- フィールドセールスとカスタマーサクセスが同じ部門

といった具合です。

図9▶リードが顧客になるまでの基本的な流れ

担当部門	活動の内容	活動の目的
マーケティング	マーケティング施策実施	MQL獲得（リードジェネレーション）
インサイドセールス	リードナーチャリング（育成）	MQLのSQL化（案件化・商談化）
フィールドセールス	商談活動のフェーズを進める	受注
カスタマーサクセス	顧客満足度向上	LTV最大化

出典：グランネット

マーケティング部門が「ＭＱＬ獲得までを求められるチーム」と「ＳＱＬ化までを求められるチーム」に大きく分けられることもありますし、規模の小さい会社であればすべてを一人で行うこともあるでしょう。

マーケティングの全体像を把握したうえで、自分の業務範囲と課せられた使命を確認することが重要です。

ＣＶ（conversion：問い合わせ、会員登録、イベントの参加申し込みなど）を多く獲得できたとしてもナーチャリングがうまくいかなければＳＱＬへの移行は難しくなりますし、フィールドセールスにうまく引き継げなければ受注に至りません。

自分の仕事がその後の工程にどう影響するか、最終的な契約を勝ち取るためにどのように引き継げばいいか、そんなことにも留意して仕事に臨む姿勢が問われます。

なお、ターゲットの設定やビジネスモデルの創出・改善は上流の責任者クラスが行います。

マーケターは与えられた設定・環境の中で自分ができる最大限のことを行い、リード獲得を目指しましょう。

THE MODELの優れている点の2つ目は、リードや顧客のステータスを階層化することで、組織の人材育成にも活用できるところです。

グランネットでは、新人はまずインサイドセールスに配属し、顧客への向き合い方、自社の商品・サービス理解を学びます。

そのうえでインサイドセールスのリーダーを目指すか、フィールドセールスへの異動を目指してもらいます。

フィールドセールスでは顧客との商談活動を通して、コンサルタントとしてのあり方を学び、カスタマーサクセスではコンサルタントとして顧客を成功に導くためのディレクションを学びます。

その中で一部のメンバーを本人の希望と実績次第でマーケティング部に配属し、さらに高度な分析力とディレクション力を養ってもらう、という具合です。

04

「顧客理解」を通じてペルソナになりきる

5つのキーワードで顧客を分析する

3C分析の2つ目が「顧客理解」です。顧客を理解するためのキーワードは次の5つです。

【業種理解】……業界の中の自社の位置づけを知る
【市場理解】……イノベーター理論で業界の成熟度を知る
【ペルソナ/カスタマージャーニーマップ】……顧客ニーズをつかむ
【ニーズ三角形】……関心度の高さでターゲットを分類する
【BANT情報】……予算・窓口・ニーズ・リードタイムで分析する

それぞれ具体的に見ていきましょう。

【業種理解】業界の中の自社の位置づけを知る

まずは自社の業種を理解します。製造業や建設業であればBtoB（企業間取引）となりますし、小売業や接客業であればBtoC（企業と消費者間の取引）となるでしょう。顧客が法人か個人かでマーケティング施策は変わってきます。

また、単価やリードタイムも重要な要素です。リードタイムとは商品・サービスの発注から納品までの時間のことです。単価の低い日用品などはネットショッピングで気軽に買えるということで、リードタイムは短いといえます。一方、住宅や自動車など単価の高いものは購入のハードルが上がり、それだけリードタイムは長くなる傾向があります。となると、マーケターとしては顧客との関係構築が重要になってくるわけです。

《取引形態や単価の違いによるマーケティング手法の違い》

- BtoB：SEO対策、リスティング広告、ホワイトペーパー、ウェビナー（インターネット上で開催するセミナー）など。
- BtoC：SNS運用、SNS広告、カタログなど。
- 単価：低いとリードタイムが短く、直接購入の傾向が高まる。高いとリード

タイムが長く、ナーチャリング時間が必要。

ここで挙げたことはあくまで一例です。ＢｔｏＢでもＳＮＳが発達している業界では、ＳＮＳを運用するケースが多くあります。

またＢｔｏＢの中には、特定の顧客と取引するルートセールスが確立している企業もあります。自動車メーカーのサプライチェーンの一部として部品を製造・供給する企業や、食品などを輸入して食品メーカーや小売店に販売する企業などがそれに当たります。こうした企業で新規の顧客を求めていない場合は、デジタルマーケティング活動が必要ないこともあります。

さらに業種が同じであっても、その中で自社がどのポジションにいるのかでもマーケティング施策が変わってきます。

例えばひと口に不動産業界といっても、設計事務所、建築・施工会社、不動産開発（分譲）、賃貸仲介、売買仲介、建て売り、注文住宅、事務所賃貸仲介、管理会社、不動産投資など多岐にわたります。それぞれＢｔｏＢ、ＢｔｏＣもあれば、単価も低いものから高いものまで幅広くあります。

業界の中で自社がどのような位置につけ、どのような人をお客としているのか。そしてビジネスを展開するために社内がどのように構成されているのか。その中で自分はどのような仕事をすることが求められているのか——。目先の仕事だけでなく、社内や業界全体にまで目を向けて顧客の流れや収益構造を理解し、ビジネスポイントを探っていきましょう。

【市場理解】イノベーター理論で業界の成熟度を知る

顧客理解のキーワードの2つ目は「市場理解」です。

自分たちが属している業種はこれから伸びていくのか、それとも成熟しているのか。

この部分の理解が乏しいと、次に説明するペルソナへの理解を深めることができません。自分たちが相対している市場の成熟度を知り、どんな人が顧客であるかの洞察を深めましょう。

ここで役立つのが「イノベーター理論」です。スタンフォード大学のエベレット・M・ロジャーズ教授が提唱したもので、商品やサービスの普及の段階ごとに、それを採用する消費者像を次の5つに分類しています。

- イノベーター（革新者）……新しいものをいち早く手に入れることに喜びを見出す。商品の質や価格はそれほど重視しない。（消費者全体の2・5％）
- アーリーアダプター（初期採用者）……流行に敏感。積極的に情報収集を行い、商品の価値も吟味したうえで購入に至る。（同13・5％）
- アーリーマジョリティ（前期追随者）……新しいものを採り入れることには慎重だが、流行に乗り遅れるのも嫌だと思っている。（同34％）
- レイトマジョリティ（後期追随者）……新しいものに懐疑的。周囲の多くの人が購入するようになると、自分も追随する。（同34％）
- ラガード（遅滞者）……保守的で、新しいものに関心がない。流行が一段落して社会的に普及してからようやく購入する。（同16％）

例えば、市場（業界）が新しく、社会的認知がまだ進んでいないのであれば、採用者はイノベーター層のようにごくわずか、つまり潜在層しかいないとみることができます。その場合のデジタルマーケティング施策としては、認知拡大の広告がメインとなります。

また、プレスリリースも有効な手段といえるでしょう。

市場の成長に伴って普及率は高まっていきますが、イノベーター理論ではアーリーアダプター（初期市場まで）とアーリーマジョリティ（メインストリーム市場以降）の間には深い溝（キャズム）があると指摘しています。というのも、イノベーターやアーリーアダプターは新しいものを積極的に採用しようとしますが、アーリーマジョリティ以降の消費者は「大勢の人が使っている」という安心感が商品購入の大きな決め手となるからです。従って、業界の成長が初期段階にある場合、キャズムを越えて市場を拡大させるには、ユーザビリティを高める、アーリー

図10▶イノベーター理論

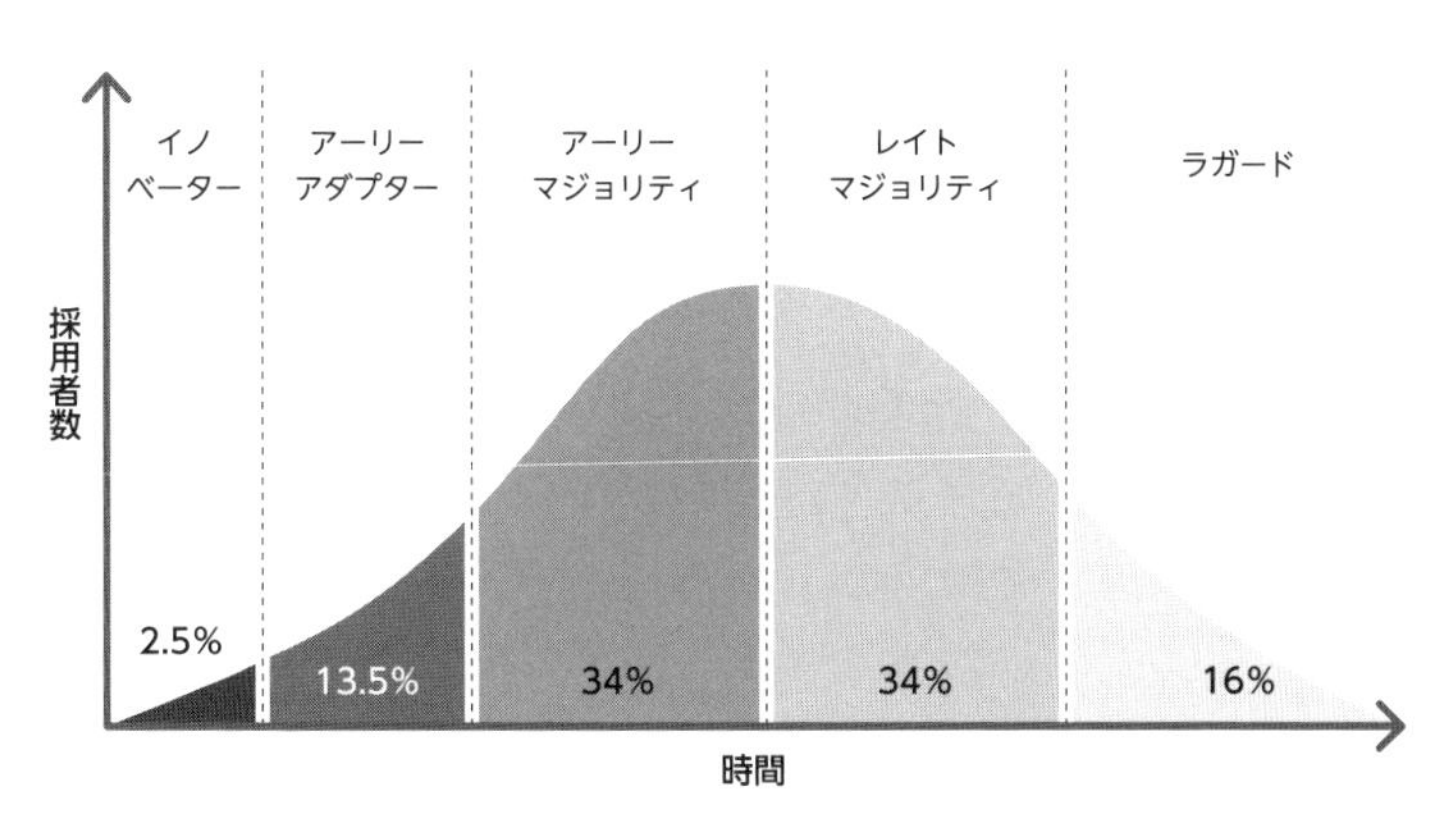

出典：グランネット

マジョリティに向けてアプローチする、口コミを広めるなど、消費者の安心感を高めるための幅広い施策が必要となります。

このように市場のライフサイクルを踏まえることで、ターゲットとする顧客像とそのアプローチ方法が大きく変わってきます。自社の属する業界が成長のどの段階にあるかをつかみ、有効なマーケティング施策を考えていきましょう。

【ペルソナ/カスタマージャーニーマップ】顧客ニーズをつかむ

ここまでのプロセスで、おおよそのターゲットが抽出されてくるはずです。個人か法人か、富裕層か一般層か、認知されている業界かどうか——。

訴求すべき顧客像がある程度絞り込めてきたところで、次に行うのが顧客ニーズの把握です。その顧客が何を欲しているかを探っていきます。

ここでデジタルマーケターとして活用したいのが「ペルソナ」です。

一般的にペルソナとは、顧客の人物像をリアルに設定して、ターゲット層をより明確にするマーケティング用語となります。ただ、ペルソナを設定したもののの、うまく使いこなせていないマーケターが多く存在するのも事実でしょう。

Chapter 2

ポイントは「ペルソナになりきること」。自分自身が実際に商品・サービスを購入する人だったらどう考えるだろう、どう行動するだろうと考えるのです。例えば、自社のECサイトのマーケティング担当であれば、実際にペルソナになりきってサイトにアクセスしてみましょう。

具体的な顧客像をイメージして、何時に、どこで、何をしているときに、どんなデバイス（スマホかPCか）からアクセスするか。何をきっかけに自社のECサイトにたどり着いて、ウェブサイト内のどういう導線をたどって、何を比較検討して、購入の意思決定を下すのか。どのようにして特定の商品をカートに入れ、決済方法を選択し、配送方法や配送の日時指定を行い、どう受け取るか。さらに、商品を受け取ったら段ボール箱をどう開け、開けた後に商品の開封をどのように行い、実際に使ってどういう印象を持つのか。使った商品はどこに収納し、どれぐらいの頻度で使うのか――といった具合に、細かいところまで突き詰める必要があります。顧客の行動を仔細になぞる（再現する）ことが顧客理解の一番の方法ということです。

これは実際にあったケースですが、ある会社から当社へウェブサイトの集客改善の依頼がありました。データを見ると流入数は一定量あるにもかかわらず、

CVが少ないパターンが目につきました。そこで問い合わせフォームを確認したところ、入力の必須項目が多いうえ、どれが必須項目かわかりにくいのです。担当の方に「ご自身で問い合わせをしてみたことはありますか?」と聞くと「ありません」とのこと。そこで実際に入力していただき、不要と思う項目を削除したところ、CVは目に見えて上昇しました。

「顧客の立場になって考える」というのはビジネスの基本ですが、その基本が徹底されていないケースは意外に多いものです。自社の商品、サービス、店舗、サイトなどを実際に使ってみて顧客がどのような気持ちになるか。まずはマーケター自らが一顧客の立場で精査してみましょう。

顧客になりきって消費行動をなぞることは、カスタマージャーニーマップの練磨にもつながります。

カスタマージャーニーマップとは、商品・サービスと顧客との接点や顧客の消費行動を体系化したものです。横軸に「認知」「興味・関心」「比較検討」「行動」といったフェーズ(時系列順)を置き、縦軸に「接触ポイント(タッチポイント)」「感情・思考」「課題」「施策」などの情報を置きます。

一般的なデジタルマーケティングでは、ペルソナを設定し、カスタマージャーニーマップをつくって戦略を立案します。ペルソナの動きを机上でシミュレーションしたり、あるいはペルソナに見合った人にヒアリングしたりもします。

こうした手法も意義はありますが、自分がペルソナになったつもりで消費行動を取ってみる方が、商品・サービスの強みや弱みをはるかにスピーディに、かつ細部にわたって引き出すことができます。

カスタマージャーニーマップはそのままでは単なるデータに過ぎませんが、具体的なペルソナ像を設定して〝その人〟になりきることで改善すべきポイントが浮かび上がってきます。デジタルマーケティングというと〝データ〟や〝分析〟が重視されがちですが、結局のところ行き着く先は〝人間〟です。人を動かすストーリーを考えるには、その対象となる人の心の動きを知る必要があります。CVが低いというデータの根本の課題は、実は問い合わせフォームの使いにくさにあるのかもしれませんし、あるいは流入してきたページの表示速度が遅い、次に知りたい情報のページへの導線がわかりにくいといった理由があるかもしれません。狙った成果を得るためにはデータの分析だけでなく、感情や情緒の部分にも比重を置く手法が差別化の源泉となるのです。

そのためにも自らユーザーになってみることで真の原因究明が可能となり、結果として適切な対策が打てるようになります。

なお、ペルソナになりきる際に重要なのは、できるだけペルソナ像を具体化することです。性別や年齢はもちろんのこと、仕事、趣味、家族構成などまで細かく考えることが理想です。そうすることで行動や感情を想定しやすくなり、関係者間での認識もぶれにくくなります。

役者の感覚はこれに近いでしょう。そもそもペルソナという言葉の語源は、劇中で役者が使用する「仮面」です。役者はときに自分とかけ離れたキャラクターを演じることもありますが、そのキャラクターがどんな人物で、何を望んでいて、どういう場面でどんな振る舞いをするか、台本から読み解いたり心情に没入したりしながら役づくりに励みます。

同じような感覚で、ペルソナそのものになりきることです。数字をただ解析するよりもデータの理解が格段に深まり、課題解決の最短ルートが浮かび上がってきます。

【ニーズ三角形】関心度の高さでターゲットを分類する

ペルソナの設定に当たっては「ニーズ三角形」も有用です。ターゲット層の人数と関心度によって、その構造がピラミッド状になるというモチベーションモデルといえます。

もっとも関心度の高い層はニーズもウォンツもはっきりしていて、「今すぐ購入したい」と考えている「明確層」です。

マーケティングではニーズは「目的」、ウォンツは「その目的を達成する手段」を意味します。

例えば、時間に追われる人が掃除の時間を減らしたい、そのためにロボット掃除機を買おうと考えた場合、「時間を捻出したい（掃除時間を減らしたい）」がニーズ、「ロボット掃除機がほしい」がウォンツです。明確層はニーズがあり、そのニーズに応える手段である商品・サービス（＝ウォンツ）があることも知っていて、それを手に入れるために今すぐ行動を起こしたいと考えているのです。購入の確度が高いため、この層に対しては自ら検索行動を取ったユーザーに対して露出し、明確層にもリーチできるＳＥＯや、Ｇｏｏｇｌｅ、Ｙａｈｏｏ！の検索連動型広告が効果を発揮します。

ピラミッドの上から2番目は「顕在層」です。

ニーズもあり、商品・サービスも知っていますが、購入の決断には至っていません。この層は複数の商品を比較検討するために情報収集する傾向があります。その情報収集の網に引っかかるようなコンテンツマーケティングや認知広告が有効です。

上から3番目の「準顕在層」は、ニーズはあるものの商品・サービスを知らない、もしくは検討していない層です。この層には自社の商品やサービスを検討候補に入れてもらうことが重要なので、自社商品やサービスに触れる機会をつくることが望まれます。

4番目が「潜在層」で、ニーズがあるかどうかわからない層です。しかし、顕在層へ転化する可能性を秘めているといえます。

これら4つの層へのアプローチに有効な手法としては、SEOが挙げられます。また、一番下には「ノンターゲット層」がありますが、ニーズがなく、顧客になる可能性もない層です。このようにターゲットはさまざまあり、それぞ

図11▶ニーズ三角形

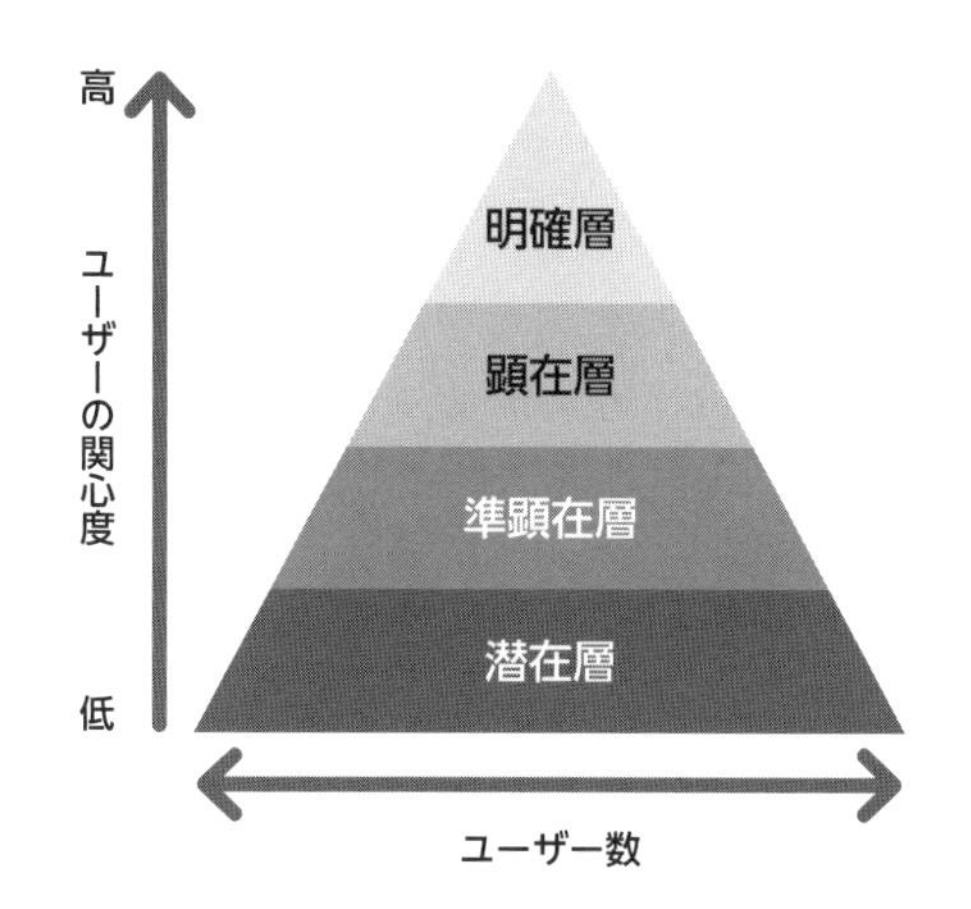

明確層	● ニーズを持っていて今すぐ購入したいと考えている層。 ● 購入の確度が高く、検索連動型広告が効果を発揮する。
顕在層	● 商品やサービスのニーズが明確で、購入を検討している層。 ● 検討のために情報収集したりする可能性が高い。
準顕在層	● ニーズを持っているが購入は検討していない層。 ● 自社の商品やサービスを認知してもらえれば、購入の検討につながる可能性がある。
潜在層	● 明確なニーズを持っていない層。 ● 興味を持ってもらいやすく認知度を高められる広告が適している。

出典：グランネット

れのニーズに合わせて施策を選ぶことが重要です。

マーケティング施策は基本的にニーズの高い層から低い層へと順番に行います。受注確度が高いユーザーを確実にとらえることが成果につながるからです。上層のターゲットを逃すことはもったいないことになります。しかしながら、アプローチの順序をはき違える企業が意外に多いのも事実です。今現在、どこまでの層を獲得しているのか。また、今実施している（実施しようとしている）マーケティング施策はどの層に響くものなのか。現状を正しく見極めることがより良い顧客理解につながり、ペルソナの設定を精緻なものにします。

【BANT情報】予算・窓口・ニーズ・リードタイムで分析する

顧客理解の最後のキーワードが「BANT情報」です。BANTはBudget（予算）、Authority（窓口・決裁ルート）、Needs（顧客ニーズ）、Timeframe（リードタイム）の単語の頭文字を取ったもので、それぞれ次の顧客情報を表します。

《BANT情報の4つの要素》

●予算：商品・サービスを買える顧客層はどういった人たちか
●窓口・決裁ルート：決裁権者に少しでも近い人へのアプローチが重要
●顧客ニーズ：どんな要望・課題を持っているか
●リードタイム：顧客が最初に接点を持ったところから購買までの検討時間

この4つの情報をできるだけ明確にすることで、丁寧なアプローチが可能になります。

例えば予算について、女性向けの化粧品のマーケティングであれば、ブランドものの高級品か、それともプチプライス（低価格）商品かでターゲットがおおよそつかめます。また購入の窓口に関しては、化粧品であれば一人ですが、戸建て住宅なら夫や妻など複数人いると考えられます。最初に接点を持って情報収集するのは妻でも、最終的な決定権は夫にあるかもしれません。基本的にペルソナは接点を持つユーザーを想定しますが、裁量権が別の人にある場合はそのユーザーのペルソナも設定する必要があります。

顧客ニーズもいろいろ考えられます。戸建て住宅の例でいえば、いずれ子どもを持ちたいと考えている若い夫婦、子どもが増えて手狭になってきた核家族、高齢の親と同居を考えている単身者など、さまざまなパターンがあるでしょう。要望や課題をつかむことでターゲットをより絞り込むことができます。

リードタイムについては先ほども触れた通り、最初に接点を持ったところから購買までの時間は単価に比例して伸びる傾向があります。自社で扱う商品・サービスのリードタイムがどれくらいあるかを把握することで、アプローチのスピード感が変わってくるわけです。

例えば、のどが渇いてコンビニで飲み物を買うときは、入店してすぐ商品を手に

活用情報（注文住宅）	
業界イノベーター理論	成熟
平均単価	6000万円
平均リードタイム	1年
平均成約率／上限CPA	20%／50,000円
CVポイント	ホームページからの資料請求、来場予約、LINEのお問い合わせ。
競合他社の状況：	大手企業や地元企業についての情報。
商圏／市場規模：	商圏にニーズの三角形別でどれぐらいのターゲット層がいるか。
自社の強み	充実のアフターサービス、地域密着型で気候や風土に合わせた提案。

出典：グランネット

取り、レジへ向かうでしょう。このようにリードタイムが短い商品では顧客との関係構築はそれほど必要なく、むしろファーストインプレッションが勝負となります。

反対に、住宅など単価の高い商品は、それだけ検討にかかる時間が長くなります。

つまりリードタイムが長くなるため、いかに顧客との関係を構築するかが問われます。メルマガの配信など、購入後のイメージをかき立てる定期的なコミュニケーション、いわゆるナーチャリングが重要となるのです。

業種理解、市場理解、ペルソナ、ニーズ三角形、BANT情報など、さまざまな視点から顧客を見つめましょう。

図12▶顧客を見つめるための分析例

知るべき情報（注文住宅）	
BtoB、C	BtoC
ペルソナ	年齢：32歳／性別：男性／職業：会社員／年収：700万円／家族：妻（30歳）＋子ども（2歳）／居住地：大阪市／趣味：旅行、読書
ニーズ	家族構成の変化に対応できる広い家を建てたい。デザイン性と機能性を兼ね備えた家を建てたい、予算内で希望に合った家を建てたい。
課題	住宅ローンに関する知識が少ない。週末しか打ち合わせができない。複数の業者を比較検討する時間がない。
行動パターン	雑誌、SNS、インターネットで情報収集、住宅展示場へ見学。

05

「競合比較」でKSF・ケイパビリティを理解する

3Cが同一で自社より売上の大きい競合を選定

デジタルマーケティングの四大要素の3つ目は「競合比較」です。

自社の商品やサービスがオンリーワンでない限り、それがいくら良いものであったとしても、他社がさらに良いものを提供すれば負けてしまいます。

逆もまたしかりで、他社が優位にあったとしても、それを超える価値を提供できれば逆転のチャンスがあるわけです。絶対評価ではなく、相対評価である――これはマーケティングの大原則です。この原則に則って、競合と比べてどこに差分があるのかを把握し、対策につなげていくことが競合比較の目的です。

手順としては次の通りです。

《競合比較の手順》

① ベンチマークする企業の選定

② 競合差分の洗い出し

③ KSF（重要成功要因）の決定

まずは、①「ベンチマークする企業の選定」です。ここを間違えると、その先、どんな施策を行っても不発に終わる可能性があります。このステップは非常に重要です。

競合としてもっとも望ましいのは、先ほど述べた3C（5W2H）が同一で、自社よりも売上やシェアが大きいところです。その中で自社が追いつき、さらに追い越すことのできそうな要素をベンチマークとして設定します。ただ、これに当てはまるところはそれほどないかもしれません。できるだけ類似しているところをかき集めて、自分なりの業界マップをつくってみましょう。

ペルソナになりきって競合サイトを実際に使ってみることも一手です。サイトを訪問したときの印象、インターフェースの違い、使いやすさ、価格の差など、ユーザーの観点で接してみるとさまざまな発見が得られます。「この会社のサイトは使いやすい」「あの会社のサイトはいまひとつだ」と感じたならば、その差がどこから出てくるのかを自分なりに深く掘り下げてみましょう。

選定する競合の数は5件程度でよいでしょう。その5件に絞り込むために、できるだけ多くの候補を調べます。

なお、自社理解が十分でないと自社の5W2Hが明確にならないため、競合比較がスムーズに進みません。くれぐれも自社理解を万全に行ったうえで、このステップを実施するようにしてください。

多角的な視点で検索し、競合との差分を洗い出す

次に行うのが、②「競合差分の洗い出し」です。選定した競合と自社とで、それぞれどんなところに強みや弱みがあるのかをさまざまな軸で明らかにします。洗い出しの軸としては次のようなものが考えられます。

《競合差分の洗い出しの軸》

- 5W2Hの比較（どんな価値を提供しているか）
- 商品ポジショニング（価格・商品・アクセス・サービス・経験価値）
- バリューチェーンの比較（技術力・販売力）
- 競争優位・劣位
- 価格

- 組織力
- 人材
- 品質（QCD：品質・コスト・デリバリー）
- 売上高（シェア）
- ケイパビリティ
- ブランドイメージ

ここでは、インターネット検索で丹念に調べることが肝要です。

グーグル検索だけでなく、SNSや動画サイトなども含め、サービス種別名や商品名に会社名をプラスして検索します。その結果からかなりの答えを得ることができるはずです（検索結果の上位に出てくるサイトは、それだけで優位性があると考えられます）。

リサーチの触手を多方面に伸ばし、競合を分析・理解できればベストです。前段階の競合選定の際に、自らユーザーとして競合サイトを利用してみた場合は、そこで得られた情報も重要なヒントになります。

「何をもって競合に勝つか」、勝ち筋を見出す

競合比較の最後の手順が、③「ＫＳＦ（重要成功要因）の決定」です。選定したベンチマークとの差分をどのように埋めるかを規定するもので、マーケティングを成功させる鍵となる要因とも言い換えられます。

ＫＳＦを導き出すために、３Ｃ分析を始めとするこれまでのプロセスがあるといっても過言ではありません。マーケティング戦術は「誰に・何をもって・どうやって勝つか」の設計図といえますが、「誰に」が競合、「何をもって」がベンチマーク、「どうやって勝つか」をＫＳＦが示しているわけです。

ＫＳＦをどう抽出するかについて、手前味噌で恐縮ですが、グランネットを例にして考えてみます。

当社の競合には「デジタルマーケティング会社」「コンテンツ開発会社」などがありますが、前述した通り、クライアント企業のウェブサイトのデザイン改良を優先するところがほとんどです。そのような業界にあって、当社はただサイトをつくるだけでなく、サイトの可視化を通じて集客・収益の改善に責任を

持ち、クライアントのビジネスを成功に導きます。

また、コンサルティングからコンテンツマーケティング、インターネット広告、オウンドメディアを含むウェブサイトの構築までを一気通貫で行える点も強みといえます。

となると、当社のＫＳＦは、

- **顧客に寄り添った支援**
- **ウェブサイトの可視化の実現**
- **ウェブサイトの収益化の実現**
- **一気通貫の制作体制**

などが考えられます。

これらを打ち出すことで、競合との差別化を図ることができると見込めるわけです。

自社の強みを考える際には、「付加価値＝ケイパビリティ（他社にない組織の強み）」にも留意しましょう。付加価値とは、商品やサービスが本来持つ機能や価値とは別に提供される価値のことです。

農作物であれば無農薬栽培や有機栽培などが該当するでしょうし、ホテルであれば宿泊者が参加できるイベントの実施なども考えられます。

「競合との差分で自社が勝っていて、真似されにくいもの」かつ「顧客ニーズがある」という2点がポイントです。

付加価値、すなわちケイパビリティが確立することで、自社の優位性につながります。また、付随する価値は見方によっても変わってきます。自社理解や競合理解を深めて、競合にない強みを打ち出すことが大切です。

モノやサービスがあふれる昨今、ユーザーからすると、付加価値こそがその商品を選ぶ決め手になることもあります。コンセプトや機能、デザインなどに独自の工夫を凝らして付加価値をつけ、ＫＳＦの設定と達成につなげていきましょう。

なお、競合との差分を埋める施策については、難易度と重要度のマトリクスも用いて検討します。

また、軸をずらした競合比較の手法もあります。これらについては第4章で詳しく説明します。

06

「顧客体験」＝CXを高めることが資産になる

真似されにくい感情的価値こそ差別化の源泉

ここまで、自社理解、顧客理解を経て、競合との差分を見出し、それを埋めていく方法について見てきました。

競合との差分が埋まっても、当然ながらそれで終わりではありません。その時点では競合に追いついただけです。さらに競合を追い越し、自社の優位性を盤石にする必要があります。

そのための施策に深く関係するのが、マーケティング要素の4つ目「顧客体験（CX：Customer Experience）」となります。

顧客が体験を通じて得る価値のことで、商品・サービスを導入するまでの過程、使用する過程、購入後のフォローアップなどの過程における経験、特に「感情的な価値」の訴求が重視されます。

ここで、モノの価値について整理しておきましょう。マーケティングにおいて顧客が得る価値は次の4つに分類できます。

《モノの価値の分類》

●認知的価値：ユーザーの知的好奇心を刺激することで生み出される価値

●感覚的価値：利便性や接客など、五感を通じて得られる安心／信頼の感情

●情緒的価値：商品やサービスの体験イメージからもたらされるポジティブ感情

●感情的価値：認知的価値・感覚的価値・情緒的価値が融合したもの。CXの源泉

感情的価値は安易な模倣ができません。

図13▶顧客が得る価値

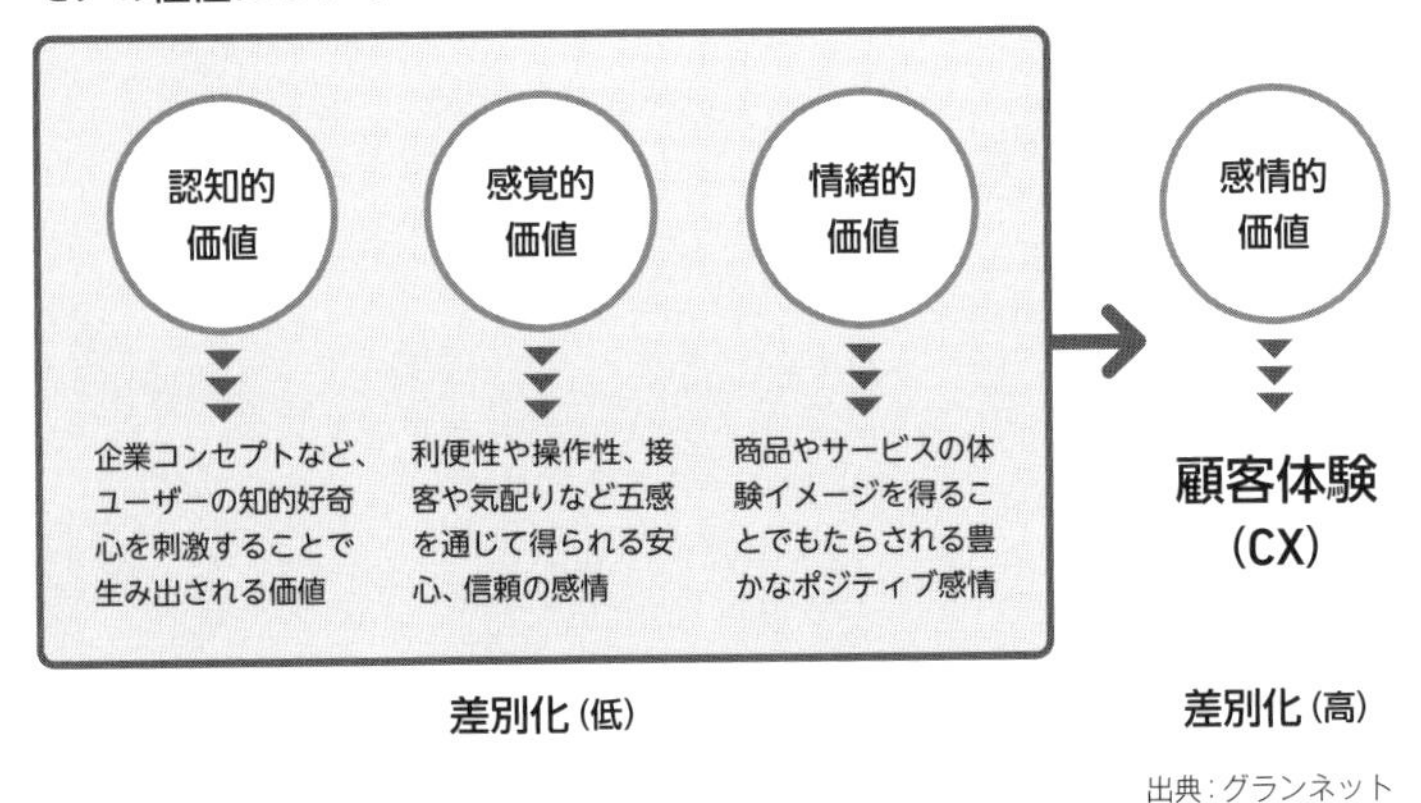

出典：グランネット

すなわち競合から真似されにくいため、これを高めることが差別化につながるわけです。

購入前のCXを高めて売上アップにつなげる

モノの価値はコモディティ化（陳腐化）しやすく、商品・サービスの独自性や価値、すなわち〝選ばれる根拠〟はCXで差が出ます。

CXのレベルが低いと商品やサービスの価値そのものを貶めるのです。

例えばレストランで食事をした際、料理の味が良くてもウェイターの態度が悪ければ、おいしく感じられないかもしれません。そのレストランにもう一度行きたいという気持ちも起こらないでしょう。

一方、接客が素晴らしければ料理もいっそうおいしく味わえます。結果として店の雰囲気にも好感が持てるなど感情的価値が増幅し、「ぜひまた来たい」と思うはずです。

レストランは本来「料理」を提供する場ですが、CXを高めることで料理だけにとどまらない大きな価値を提供することができるのです。
その価値にこそユーザーは心を動かされ、その店のファン（固定客）になっていくわけです。この意味で、ＣＸはその店、そのビジネスの「資産」であるといえます。

ここではわかりやすくレストランの例を挙げましたが、デジタルマーケターが注力すべきＣＸ向上のポイントは、「商品・サービスをすでに買ったような体験が買う前からできること」です。

ＣＸを高める具体的な施策については第4章で詳しく説明します。ここではＣＸにおいて感情的価値が重要であることと、マーケターはＣＸ向上に時間を割き、注力しなければならないことを押さえておいてください。

Chapter 3

第 3 章

限られた資源で最大効果を出すために、予算の使い方を考えよう

Chapter 3

01

「投資」「消費」「浪費」の違いとは？

営利企業の大命題は「利益の最大化」

この章では、デジタルマーケティングを進める際に考えるべき、予算の扱い方とその手順について説明します。

まず知っておかねばならないのが、営利企業の大命題が「利益の最大化」にあるということです。

利益とは収入（売上）から支出（予算／原価・経費）を差し引いたもの。仮に1000万円の売上があったとしても、そのために1200万円の経費がかかっているとすれば、200万円の赤字（損失）です。効率的に利益をあげるためには、必要以上の支出を抑えなければなりません。

マーケティングの至上命題は売上の最大化ですが、そのためにかかる費用が大きすぎてはいけないのです。

ただし、支出をとことん切り詰めればよいかというと、そういうわけでもありません。「価値ある支出」と「無価値な支出」があるのです。では、マーケティングにおいて、どのような支出のあり方（お金の使い方）が望ましいのか、次はそれを考えてみましょう。

支出の形態は大きく3つ、「投資」「消費」「浪費」に分けられます。どれもお金を使う行為ではありますが、違いはその「目的」です。

《投資・消費・浪費の目的と価値》

- 投資……将来的なリターンを見越して、長く恩恵を得ることを目的にお金を使うこと。価値を得られる見込みはありますが、不確実性があります。
- 消費……目先の課題解決のためにお金を使うこと。価値が得られ、確実性もあります。
- 浪費……明確な目的なしにお金を垂れ流すこと。いわゆる無駄使い。高い費用対効果は生みにくいと考えられます。

身近な例に置き換えると、投資はスキルアップするための勉強や、株式や金融商品の購入などです。消費は家賃や光熱費、食費などが該当するでしょう。

浪費は、使わないものを買ったり、必要以上にぜいたくをしたりすること。買った服に一度も袖を通さない、機能は同じなのにブランド品や限定品にこだわるといった行動も浪費です。金額の大小は関係ありません。安いからというだけで、セールや１００円均一ショップなどで、具体的な使い道を考えずに衝動買い、大量買いしてしまうケースも浪費なのです。お金を使う当事者によって、浪費か投資かは実にあいまいです。客観的には浪費に見えたとしても、本人が「学び」や「経験」を得られて、それが将来に役立つのであれば、それは浪費ではなく投資になるでしょう。

だからこそ企業においては、お金を使う当事者として、個々の社員がしっかりとコスト意識を持ち、支出の目的と価値を考えなければならないのです。

「消費」と「投資」のバランスが大切

個人がお金を貯めようとするとき、家計簿をつけて現在の出費を把握すると同時に、お金を使う目的を明確にして、計画を立てることが第一歩となります。要は、お金の使い道を「消費」と「投資」に絞って出費しましょうということです。そのように意識することで、浪費は減っていくでしょう。

これはマーケティングでも同じです。事業で使う金額をあらかじめ設定した「予算」のうち、どのマーケティング活動にどれだけの費用を充てられるのかを確認し、その中で「利益の最大化」という目的に向かって計画を立てて、施策を実行していきます。

費用対効果が悪い施策は浪費ですから、極力なくしていきましょう。「もったいない」という意識を持つことが、経費削減につながるのです。

その上で、会社やクライアントから求められている短期と中長期のマーケティング目標を把握します。短期的な目標を達成するためには、即効性の高いリスティング広告やSNS広告、動画広告などが有効でしょうし、中長期的な目標に対しては、SEO対策やSNS運用、ホワイトペーパー作成、ウェビナー開催など、リード育成やCX向上につながる施策が必要となるでしょう。

スムーズに成果をあげたいマーケターは、短期的で確実性の高い広告施策に予算を投下しがちですが、これは投資ではなく消費に当たります。消費である以上、施策を止めると売上が頭打ちになったり、競合の広告出稿などといった外的要因で費用対効果が悪くなったりするわけです。

従って、中長期的な目線の投資も、同時に実施していかなければなりません。優秀なマーケターは、限られた予算で複数の施策を実施して、CV数を最大化できるように工夫します。余った予算をCX向上の施策に活用すれば、中長期的な意味のある投資となるわけです。

一方で、「時間を買える（業務効率化）」「資産になる」「経験になる」といったメリットが見込めるならば、それは「価値ある投資」といえます。費用対効果を意識するあまり、やみくもにコストカットすることでデメリットは生じないか、慎重に見極めるべきでしょう。

加えて、予算とコストの管理にあたってもう2点、説明しておかなくてはなりません。

1つは、人件費です。コストを正確に把握するには、人件費を考慮する必要があるでしょう。しかし、本書はデジタルマーケティングを主眼としているので、これについては割愛します。

ただし、マーケターは自身の人件費が企業にとっての投資・消費活動として活かせているか、時間を浪費していないか、常に自問しなければならないことは留意しておいてください。

もう1つは、コスト管理に関するさまざまな指数のことです。

- CVR（Conversion Rate：コンバージョン率／顧客転換率）
- CPA（Cost Per Action：顧客獲得単価）
- LTV（Life Time Value：顧客生涯価値）
- ROAS（Return On Advertising Spend：広告の費用対効果）
- ROI（Return On Investment：投資利益率）

これらはすべて、現状を把握したり施策の妥当性を見極めたりするための重要な指数です。第1章でも述べた通り、簡単な四則演算で導き出すことができますから、「難しそう」「無理だ」という先入観を持たずに、こうした指数にもぜひ親しんでください。数字から意味ある情報を見出せることは、デジタルマーケターに必要な資質の1つです。

Chapter 3

02

コスト管理を6つの手順でマスターしよう

今、走っている施策の改善に向けて……

投資・消費・浪費の概念を押さえたところで、次はデジタルマーケティングを進める際の予算管理について見ていきましょう。

本書は企業に在籍する若手デジタルマーケターを対象にしているので、すでにマーケティング施策が実施されている現場に参入するケースが多いことを想定し、「今、走っている施策の改善」を念頭に置いて具体的に説明していきます。

《デジタルマーケティングにおける予算の扱い方の手順》

手順① 上限CPAを算出する
手順② 現状を把握する
手順③ 優先順位を見極める

手順④　計画を立てる
手順⑤　最低限の消費を行う
手順⑥　資産になる投資に回す

それぞれについて、詳しく解説していきましょう。

手順①　上限CPAを算出する

最初に確認しなければならないのが、CV（または購入）を1件獲得するために、どれだけの予算（コスト）をかけられるかということ。それを示す指標がCPA（顧客獲得単価）です。

マーケターが担う業務の基本は、前述した通り「MQLの獲得」ですから、〃初めまして〃のお客さまをどれだけ集められるかが問われています。そのリードを1件獲得するための単価がCPAです。

そして、1件のMQLを獲得するのに2000円かけられるのか、1万円かけられるのか、マーケティング活動に取り組むにあたっては、その上限を算出しなければなりません。

上限ＣＰＡを事前に指定される場合はそれに従いますが、指定されない場合もあります。自分で計算できるようにしておきましょう。

利益（粗利）に対してどれだけ予算をかけられるかは、ＬＴＶ（顧客生涯価値）が大きく影響します。

ＣＶを会員登録や資料請求など、直接的な売上で測らないビジネスモデルの場合は、リード1件あたりの価値を測る必要もあるでしょう。つまり、1件の受注（購入）に対する売上や利益、そこに至るまでの平均ＬＴＶ率や受注率などを勘案して、上限ＣＰＡを割り出すわけです。

例えば、1万円の商品を1つ販売して売上が1万円、そこから原価や経費などを差し引いて利益が2000円だったとします。

平均ＬＴＶ率が200％（一度買った人はもう一度同じ商品を買う）の場合、ＬＴＶは4000円となります。ただ、100人が問い合わせをしてきて、50％が購入する商品であれば、ＬＴＶ4000円の商品を1件受注するために、2件のリードが必要ということになり、上限ＣＰＡは2000円となるわけです。

現状把握のツールとしては、ウェブページのアクセスを解析する「グーグルアナリティクス（Google Analytics）4」があります。当社でも支援ツールを提供しています（第6章参照）。

いずれにせよ、マーケティング施策に取り組む前に、まずはどれくらい予算をかけられるのかを確かめてから、コスト意識を持つことです。それをオーバーしない、できれば下回る金額で施策を打ち出すことが、利益の最大化につながります。

手順② 現状を把握する

次に、訴求したい商品・サービスを取り巻く、マーケティング環境の現状を把握します。

まずは、すでに行っているマーケティング施策の効果や予算（コスト）を洗い出し、費用対効果を測定しましょう。

新たな施策の立案に取り組む場合は、どんな施策を実施する可能性があるか情報収集を行い、費用対効果を分析しなけ

図14▶上限CPAの考え方

売上	粗利	利益	平均LTV率	LTV	受注率	上限CPA
¥10,000	¥5,000	¥2,000	200.0%	¥4,000	50%	¥2,000

出典：グランネット

ればなりません。

具体的には、施策ごとに現状のCPAを算出していきます。計算式は「マーケティング施策に関わるコスト÷CV数」です。

例えば、上限CPAが1500円の商品について考えてみましょう。SNS広告は投資額が5万円でCV数が40件だとしたら、現状のCPAは1250円（5万円÷40件）となります。

上限CPA以下に収まっているので、この施策は消費と判定できるわけです。仮に、投資額5万円に対してCV数が25件だとしたら、5万円÷25件＝2000円で上限CPAを超えるため、この施策は浪費に当たると考えられます。

それぞれの施策が何を目的として実施され、現状でどのようなコストがかかっているのか。上限CPAと現状CPAを照らし合わせて費用対効果を把握します。

投資施策は未来のリターンを見越しているので、期日の要素を含めて検討しましょう。現状ではCPAが芳しくなかったとしても、目標期日までにどうい

Chapter 3

う状態を目指しているのかを視野に入れ、成功か失敗かを見込みます。

業務効率化にかける予算についても、マーケティング予算の最大化を目指すための消費・浪費・投資の考え方が有効です。

効率化施策実施の前と後で、業務時間（業務単価）がどれだけ改善されたかを定量的に把握しましょう。

例えば、5時間かかっていた作業に1万円のシステムを導入したら、1時間でできるようになった場合、4時間の効率化を図れたことになります。そこに業務単価5000円を掛け合わせると、1万円のコストに対して2万円の価値＝200％の費用対効果がすでに出ているので、消費と見なせるわけです。

手順③ 優先順位を見極める

現状把握によって、予算（コスト）管理にどんな課題があるかが見えてきました。次は、どこから手を付けるか、優先順位の見極めに入ります。現状把握をしっかりとできれば、優先順位は自然に導き出されるはずです。

もし、優先順位がつけられないと悩んでいるならば、現状把握が甘いのでしょう。

このステップで行き詰まってしまう場合、前段階の現状把握、あるいは上限CPAの把握まで戻って、足元を固めてみてください。

現状把握のステップで、マーケティング（自分の業務）が関わる領域についてコスト分析を行い、投資・消費・浪費で分類しました。

これを一覧化（図15）して、さまざまな角度で絞り込みや並べ替えを行い、着手すべき順位の見当をつけていきます。


まず注目すべきは、CPAが目標に達成していない「浪費」の施策です。すぐに中止とするか、「浪費」の中でもCPAが高い施策や投資額が大きい施策から優先的に改善していきましょう。

「消費」や「投資」の施策でもCPAが高い順、投資額が多い順に、もっとCPAを下げられないか、あるいはCVを上げられないか、優先的に改善に取り組む必要があります。

ウェブサイトのリニューアルや広告出稿などは人目を引く施策なので関心が向きがちですが、もっと低い予算で高い成果をあげられる施策もあります。

図15▶マーケティング領域での投資・消費・浪費の分類

施策一覧	支出	接点	ターゲット・目的
リスティング広告	消費	Web	顕在層
リターゲティング	消費	Web	顕在層
比較サイト掲載	消費	Web	顕在層
SNS広告	消費	Web	顕在層
アフィリエイト	消費	Web	顕在層
ディスプレイ広告	消費	Web	潜在層
メールマガジン配信	消費	Web	潜在層
純広告	消費	Web	潜在層
動画広告	消費	Web	潜在層
プレスリリース	消費	Web	潜在層
DM(ダイレクトメール)	消費	リアル	潜在層
テレマーケティング	消費	リアル	潜在層
デジタルサイネージ	消費	リアル	潜在層
展示会	消費	リアル	潜在層
MEO対策	投資	Web	顕在層
SEO対策	投資	Web	顕在層
外部パートナー提携	投資	リアル	顕在層
MA運用	投資	Web	ナーチャリング
SNS運用	投資	Web	ナーチャリング
オウンドメディア運用	投資	Web	ナーチャリング
コンテンツマーケティング	投資	Web	ナーチャリング
ホワイトペーパー	投資	Web	ナーチャリング
インサイドセールス	投資	リアル	ナーチャリング
ウェビナー	投資	リアル	ナーチャリング
AIチャットボット	投資	Web	購買促進
CRO対策(CVR改善施策)	投資	Web	購買促進
LPO、導線改善、EFO	投資	Web	購買促進
マイクロコピー改善	投資	Web	購買促進

出典:グランネット

費用対効果の悪い施策を漫然と続けることはコストの垂れ流しになります。施策ごとにCPAを算出し、データに基づいた優先順位の見極めを行って、施策全体の適正化を図りましょう。

手順④ 計画を立てる

現状の施策を消費・投資・浪費で分類できたら、CPAの改善を目指し、優先順位の高いものから順にマーケティング計画を策定していきます。

まず着手したいのが浪費施策をやめること。どうしても目標CPAに達成しないと思われる施策については、思い切って中止する判断が必要です。コストの垂れ流しは早急にストップする必要があるといえます。

次に注目すべきは消費施策です。施策は継続するものの、その中でより費用対効果の高いものについて予算の分配率を上げることができるかを検証し、さらにCPAを下げられるか可能性を探っていきます。

投資施策については、どれくらい予算を充てられるかを検討します。浪費施策の中止や消費施策の最適化で余った予算を投資施策に振り向けるわけです。

CPAの改善を図るもう1つの手立てとして挙げられるのが、CVRを高めること。これは予算最適化策に比べて難易度が高く、デジタルマーケターの手腕が問われるといえます。

前述したハードスキルとソフトスキルの対比でいえば、コストの抑制はハードスキル、CVRの向上はソフトスキルがより重視されます。

具体的なCVR改善策はさまざまあります。例えば、着地ページの最適化（LPO）＝直帰率の改善、問い合わせフォームのボタンや入力スペースに添える短い文言であるマイクロコピーの改善、入力しやすくして離脱を防ぐエントリーフォームの最適化（EFO）などです。どの施策を実施するかを決めるため、まずはウェブサイト全体のユーザーの動き（導線）を把握することが先決です。

ウェブサイトを訪れたユーザーにできるだけ多く問い合わせをしてもらうには、ユーザーが着地したページから問い合わせ完了までの間の離脱を極力防がなければなりません。どこで離脱が多く起きているかを把握し、そのボトルネックとなっている部分を特定して改善するわけです。そこで役立つのが「導線改善マップ」（図16）です。

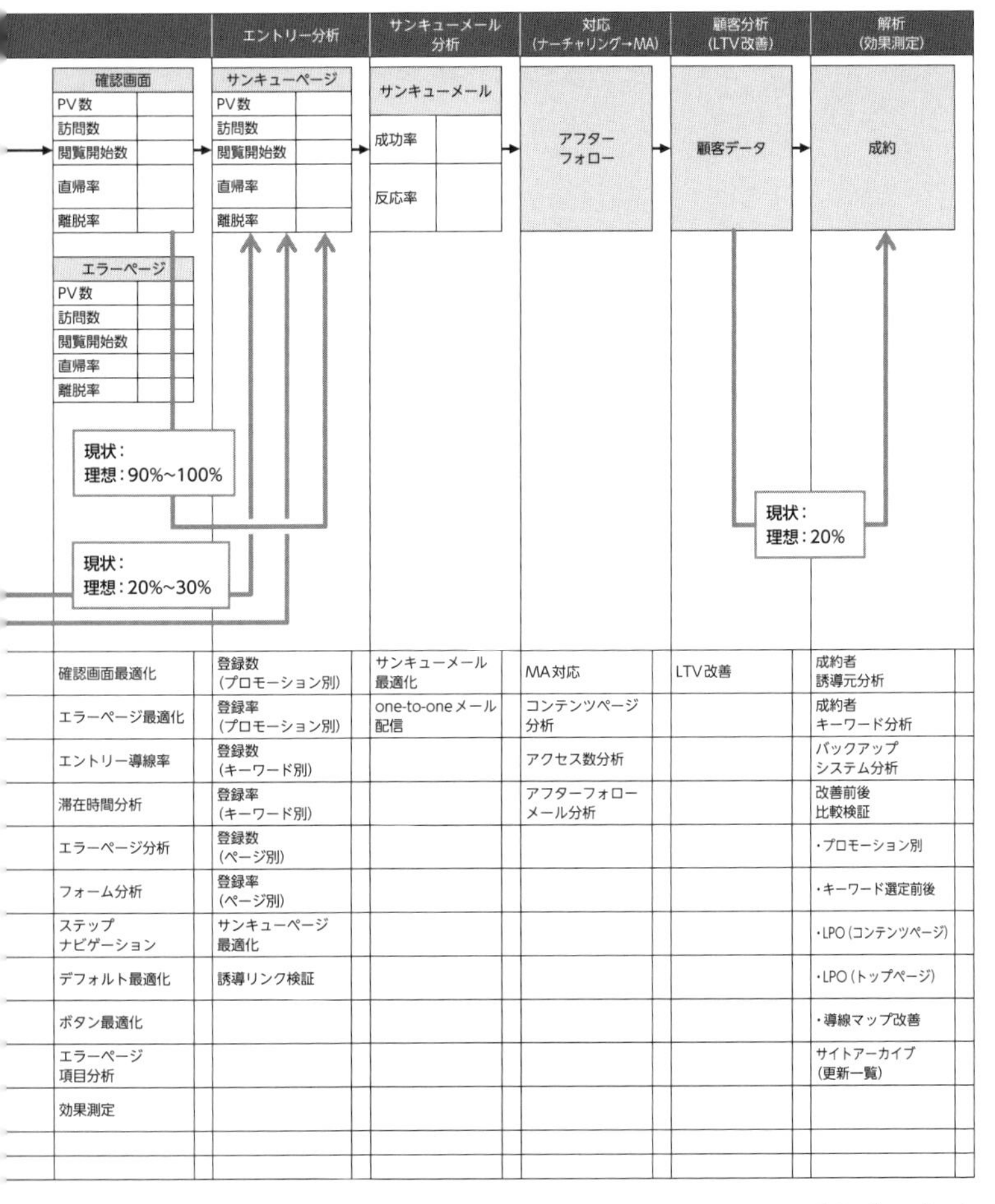

エントリー分析
サンキューメール分析
対応（ナーチャリング→MA）
顧客分析（LTV改善）
解析（効果測定）
確認画面
PV数
訪問数
閲覧開始数
直帰率
離脱率
エラーページ
PV数
訪問数
閲覧開始数
直帰率
離脱率
サンキューページ
PV数
訪問数
閲覧開始数
直帰率
離脱率
サンキューメール
成功率
反応率
アフターフォロー
顧客データ
成約
現状：
理想：90%~100%
現状：
理想：20%~30%
現状：
理想：20%
確認画面最適化
エラーページ最適化
エントリー導線率
滞在時間分析
エラーページ分析
フォーム分析
ステップナビゲーション
デフォルト最適化
ボタン最適化
エラーページ項目分析
効果測定
登録数（プロモーション別）
登録率（プロモーション別）
登録数（キーワード別）
登録率（キーワード別）
登録数（ページ別）
登録率（ページ別）
サンキューページ最適化
誘導リンク検証
サンキューメール最適化
one-to-oneメール配信
MA対応
コンテンツページ分析
アクセス数分析
アフターフォローメール分析
LTV改善
成約者誘導元分析
成約者キーワード分析
バックアップシステム分析
改善前後比較検証
・プロモーション別
・キーワード選定前後
・LPO（コンテンツページ）
・LPO（トップページ）
・導線マップ改善
サイトアーカイブ（更新一覧）

出典：グランネット

限られた資源で最大効果を出すために、予算の使い方を考えよう

図16▶導線改善マップ

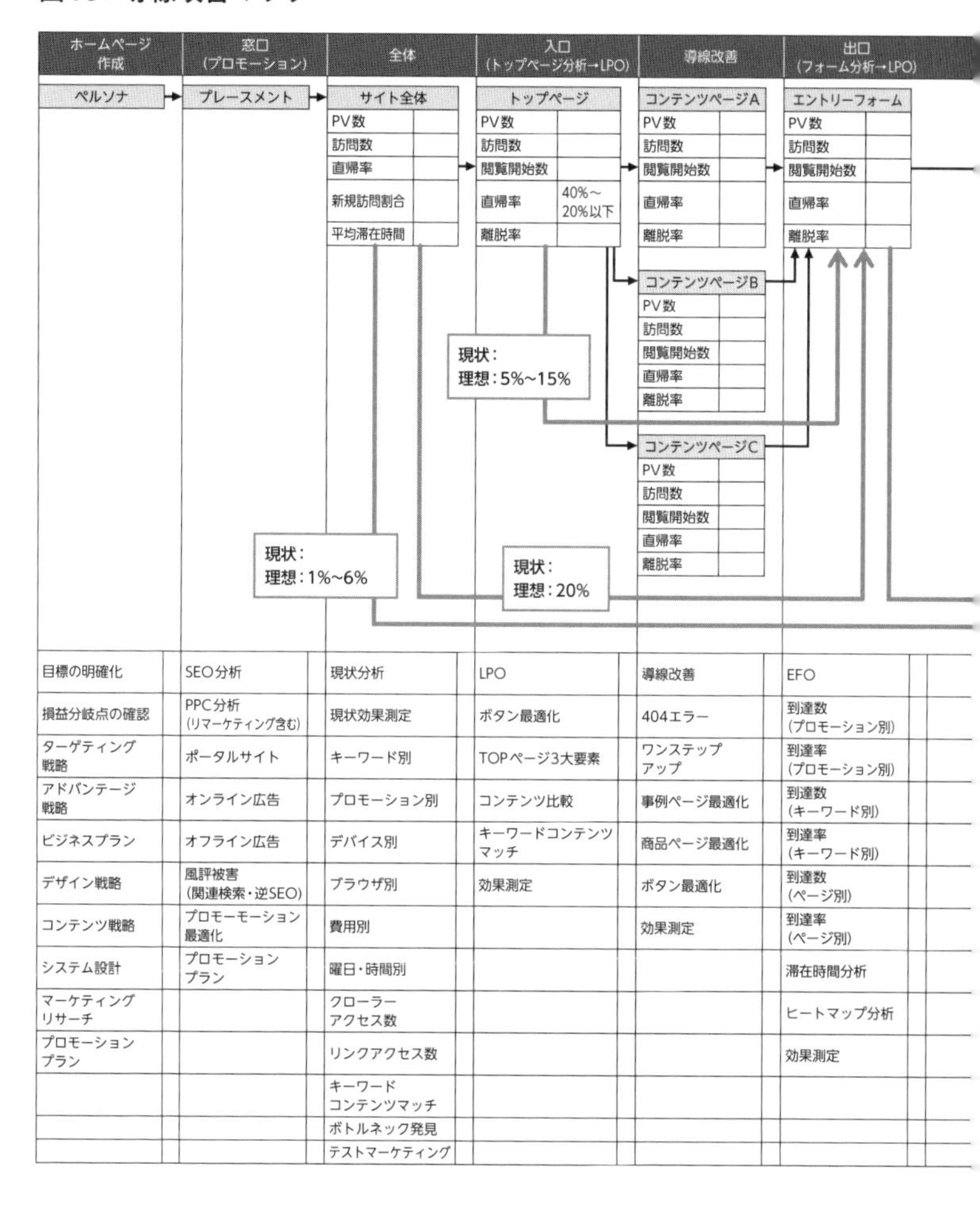

ホームページ作成	窓口(プロモーション)	全体	入口(トップページ分析→LPO)	導線改善	出口(フォーム分析→LPO)
目標の明確化	SEO分析	現状分析	LPO	導線改善	EFO
損益分岐点の確認	PPC分析(リマーケティング含む)	現状効果測定	ボタン最適化	404エラー	到達数(プロモーション別)
ターゲティング戦略	ポータルサイト	キーワード別	TOPページ3大要素	ワンステップアップ	到達率(プロモーション別)
アドバンテージ戦略	オンライン広告	プロモーション別	コンテンツ比較	事例ページ最適化	到達数(キーワード別)
ビジネスプラン	オフライン広告	デバイス別	キーワードコンテンツマッチ	商品ページ最適化	到達率(キーワード別)
デザイン戦略	風評被害(関連検索・逆SEO)	ブラウザ別	効果測定	ボタン最適化	到達数(ページ別)
コンテンツ戦略	プロモーモーション最適化	費用別		効果測定	到達率(ページ別)
システム設計	プロモーションプラン	曜日・時間別			滞在時間分析
マーケティングリサーチ		クローラーアクセス数			ヒートマップ分析
プロモーションプラン		リンクアクセス数			効果測定
		キーワードコンテンツマッチ			
		ボトルネック発見			
		テストマーケティング			

図の左側が潜在層やウェブサイトの入り口で、右へ向かうにつれてCVや受注、顧客化へと進むことを表しており、青い線は導線を、赤い線は遷移率を示しています。導線下には、各フェーズで考えられる課題・対策があります。

例えば、サイト内でどこかのページからサンキューページのエントリーに至るユーザー割合の理想をここでは1〜6%としていますが、仮にこの数字の現状が0・5%であったならば、どこかでユーザーの離脱が起こっていると考えられます。

この場合、ボトルネックになっている部分を探すことが最初のステップです。仮に価格一覧ページで離脱するユーザーが多いのであれば、ひょっとすると価格設定や価格の見せ方に問題があるのかもしれません。

サイトがうまく機能していないと、サイトそのものをリニューアルしようと考える人が多いのですが、ボトルネックを考えず、問題の所在をあいまいにしたままリニューアルに踏み切ると、結局その施策の有効性ははっきりせず、知見も残りません。サイトのリニューアルは最終手段と心得ましょう。

なお、ユーザーの動きは、ポインタがよく置かれる場所がわかるヒートマップツールやページ遷移を把握するツールなどを使うと把握できます。

サイトのどの部分がよく見られているか、どこまで見て離脱しているのかを明らかにして、仮に着地ページからすぐに離脱がみられるのであればＬＰＯ施策が必要ですし、問い合わせフォームまで来ているにもかかわらず、実際には問い合わせが完了しないのであれば、マイクロコピーの改善やＥＦＯが有効と考えられます。効果の高いＣＶＲ改善策を打ち出すため、まずはウェブサイトの導線を解析してボトルネックをあぶり出すことが重要なのです。

このように離脱の穴をふさぐと同時に、理想的な遷移をたどっているユーザーの動きも参照するといいでしょう。そういうユーザーが必ず見ているページがわかれば、それを前面に打ち出すことで効果が見込めるかもしれません。

課題が導線ではなく、そもそもウェブサイトへの流入数の少なさにあるのなら、ＳＥＯ対策や広告の見直しといったプロモーションの強化が望まれます。

また、売上貢献への最短ルートについて、自分なりの仮説を持つことも重要です。当然ながら、その仮説が正しくないことも多々あります。計画の策定や実施のプロセスで仮説の答え合わせをし続けることこそが、デジタルマーケティングの感覚を研ぎ澄ますトレーニングになるといえます。

いずれにせよ、限られたリソースで最大の成果を出すためには、どこにリソースを割くべきかの見極めが鍵を握っています。CRO（Conversion Rate Optimization：コンバージョン率最適化）なのか、集客なのか、リニューアルなのか、サイトの現状を細かく分析し、対策を検討しましょう。

手順⑤ 最低限の消費を行う

ここまででCPA向上の最適な施策が絞れ、実践できている状況です。

この段階で売上目標を達成していれば問題ありませんが、達成していない場合は、CPAを達成している施策から予算を組み替えて追加投入すると同時に、その予算を使ってどの施策を追加するか、検討しなければなりません。

また、このとき注意しなければならないのは、新たな予算を投下した場合に上限CPAをオーバーする可能性があることです。上限CPA内で適切な施策が見つかって効果検証できればいいですが、見つからなければ、上限CPAをオーバーしてでも目標達成を優先すべきかどうかを決裁者に確認しましょう。

目標達成を優先するよう指示された場合は、現在行っている施策か経費削減をした施策、または追加の施策で予算を補充します。

手順⑥ 資産になる投資に回す

さて、最低限の消費で計画を実施した結果、最終的に目標が達成できたとしても、予算の扱いはそれで終わりではありません。

予算が余っていれば、未来への投資に回しましょう。予算コントロールのポイントは、消費を最低限にとどめること、余った予算は投資に回し、中長期的な備えとすることです。もし、目標を達成できずにCPAが悪いまま消費している場合は、まずその施策を止めます。そのうえで投資施策の実装を検討するのです。

なぜ余った予算を目先の消費ではなく投資に充てるのかといえば、短期的な施策がこれから先も同じCPAで獲得できるとは限らないからです。

すでに述べたように、マーケティングは絶対評価ではなく相対評価であり、競合が消費施策への追加予算を投下した場合、自分たちのCPAも相対的に上がっていきます。要は、消費施策は費用対効果が悪くなる可能性を大いにはらんでいるわけです。

未来への投資が必要となる理由は、ここにあります。

加えて、投資施策の中には、現在実施している消費施策のCPAを下げる効果を持つものもあるのです。

例えばホワイトペーパーは、自社商品やサービスがユーザーの課題解決に役立つナーチャリングのための資料にもなり得ます。ウェブサイトで公開されていることが多く、テーマによっては商品やサービスに関心がない人にも広く読まれることがあります。

サイト内でホワイトペーパーを入手できれば、ユーザーは商品やサービスを採り入れたらこんな課題が解決できる、こんな快適な暮らしが実現できる――と想像を膨らませることができるでしょう。

つまり、購入前からユーザーの満足度を高める仕掛けとなり得るわけです。その意味でホワイトペーパーは、各種施策によってウェブサイトに集まったユーザーのCXを高める施策となります。

要は、投資とはCXを高める施策に投じるものということ。

CXが高まれば、それは短期的な消費施策ではなく、中長期的に効果のある投資施策になるわけです。

また、CXを意識した施策を打ち出すこと自体が、差別化の源泉となるでしょう。これについては、第4章でも詳しく説明します。

Chapter 4

第4章

これだけはマスターしておきたい実践のための6つの新常識

Chapter 4

01

ロードマップは「マーケティングマトリクス」にある

難易度と差別化の度合いで施策の順番が決まる

この章ではデジタルマーケティングの実践に当たって、特に留意しておきたい〝新常識〟を紹介します。

1つ目が、「マーケティングマトリクス」です。

第2章で、デジタルマーケティングの流れを次のように説明しました。

①3C分析（自社・顧客・競合）で現状把握とベンチマーク決定
②ベンチマーク差分を埋めるためにPDCAを回す
→目標と予算配分を設定し、実行・効果検証・対策立案を行う
③CXを高める施策を実施する

これら3つの施策について、難易度を縦軸、差別化要素を横軸に取り、それぞれのポジションをマトリクスに展開したものが図17です。

①の3C分析は、「自社理解」「顧客理解」「競合比較」「顧客体験」を通じて、埋めるべき競合との差分を明確化すること。難易度は比較的低いですが、競合との差別化には必ずしも直結しません。

②は、①で設定したベンチマーク差分を埋める施策です。難易度は高いものの、競合に追いつくことを目的としているため、追い越すための差別化要素はそれほど大きくないといえます。

③のCXを高める施策（ナーチャリング施策を含む）はブランディングと比べると

図17▶デジタルマーケティング施策マトリクス

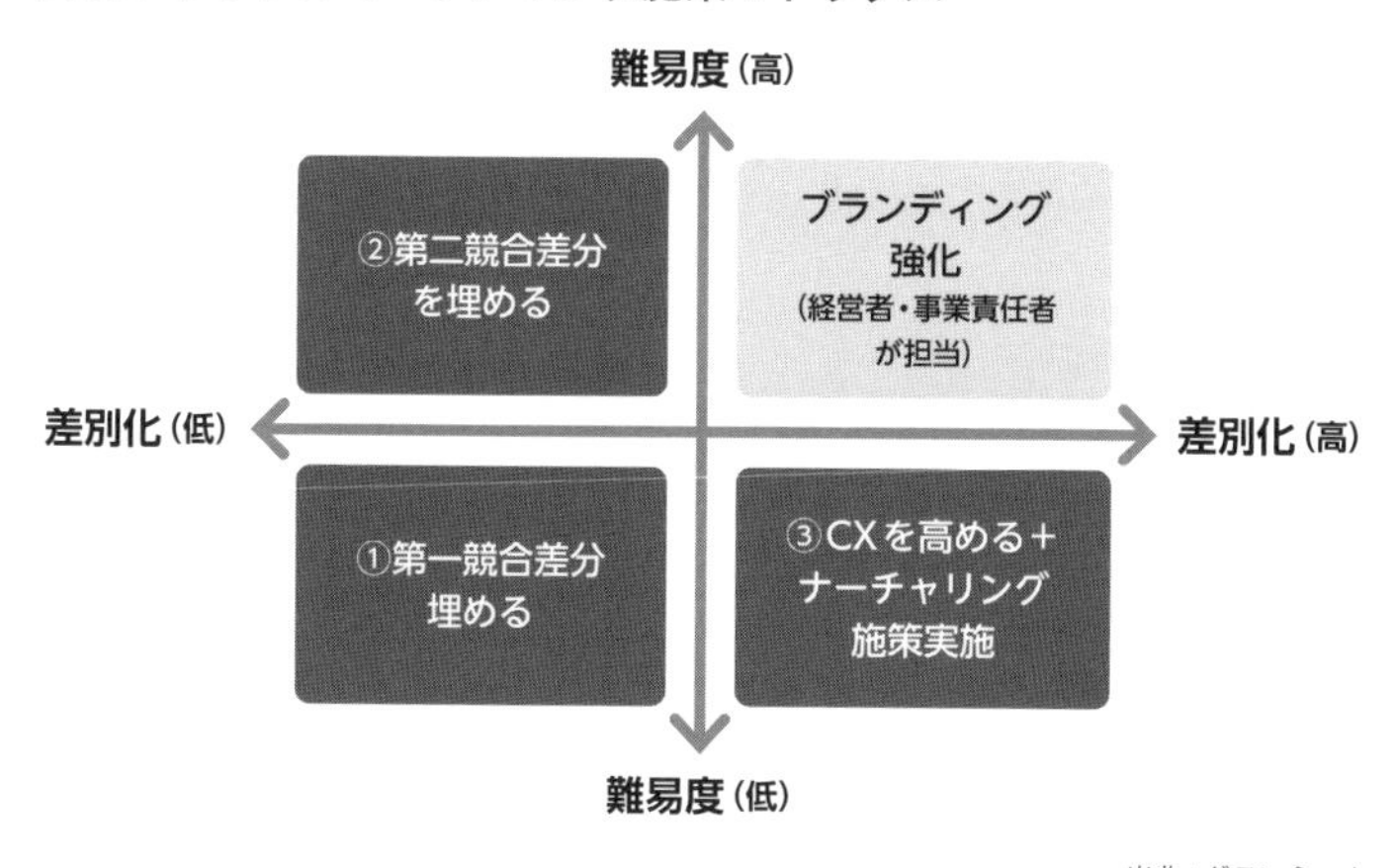

出典：グランネット

難易度が低く、差別化につながるものです。

マトリクスの右上にある「ブランディング強化」は難易度が高く、その分、差別化の効果も高いですが、前述した通り、デジタルマーケターの担当領域ではありません。


デジタルマーケターの目標は、現状を把握して競合との差を明確にし（①）、それを埋め（②）、さらに競合を追い越すこと（③）。つまり、このマトリクスそのものが、デジタルマーケティングを進める際の大まかなロードマップを示しているわけです。

特に重要なのが③のCXを高める施策でしょう。難易度がそれほど高くないうえ、競合から真似されにくい取り組みであり、それだけ成果につながりやすいといえます。

ただし、③は一足飛びに実現できるものではありません。まずは①と②の施策をしっかりと行うことで、競合に追いついてから③へと移行すべきものであることを、くれぐれも忘れないでください。

02

〝革新〟よりも、現状の〝最適化〟を追求する

デジタルマーケターの本分である3つの仕事に集中

前項で、マーケターの使命は、①現状を把握して競合との差を明確にし、②その差分を埋め、③さらに競合を追い越すことと説明しました。

デジタルマーケターの仕事の核心はこの3つであり、ブランディングは事業責任者や経営者、あるいは経営のプロが担うべきものであるということを、ここで改めて強調しておきます。

マーケティングが「商品・サービスを売るためのトータル的な戦略」であるのに対して、ブランディングは商品あるいは企業に対する「消費者のイメージを高め、差別化を図る戦略」です。デジタルマーケターの仕事はあくまで、今ある商品・サービスの価値を最大化することであり、「ブランディングで課題

解決」といった〝革新〟的な手法を追い求めるのはその範疇ではありません。

重要なことは、豊かな発想と地道な行動で、現状を〝最適化〟する姿勢です。すなわち、3C分析による現状把握、競合比較による差分の抽出、それを埋める施策の実施、厳密なコスト管理など。これらの施策に時間を投じ、成果をあげることに集中しましょう。

既存の商品・サービスを活かすべく知恵を絞る

例えば、「ウェブサイトをリニューアルしたい」と考える企業は多くありますが、その理由として散見するのは「立ち上げて3年経ったから、そろそろ変えどきかと思って……」「デザインを見飽きたから」「なんとなく変えた方がいいと思う」という曖昧な根拠に基づいたもの。

それはその企業、あるいはその担当者の主観でしかありません。

大切なのはユーザーがそのサイトをどう思っているかという事実ですが、それを確かめずにリニューアルを検討する企業が少なくないのです。

なんとなくでも改善の必要を感じているなら、お客さまがサイトを見て、どんなことを感じて、どのような行動を取っているのか、現状をまず把握するべきでしょう。

仮に本当にデザインが古くて、ユーザーに気に入られていないのであれば、直帰率は高まるはずです。

直帰率は高くないけれども、思うようにCVが獲得できないのであれば、コンテンツに見づらい部分がある、あるいはユーザーが求めるコンテンツそのものが欠けているとも考えられます。

つまり、導線に問題があるということ。それはサイトのリニューアルをするまでもなく、細かな改修で済む話です。

企業で必要とされるデジタルマーケターは、今ある商品・サービスの売上と利益を最大化できる人材です。

既存の商材をどう活かすかに知恵を絞り、大規模に予算を注ぎ込む刷新が本当に必要かどうか見極める目を持ちましょう。

そうした丁寧な現状把握や差分を埋める施策の先に、差別化の源泉となるCXを高める施策が生まれます。

価値ある情報を提供することで消費者の商品イメージを高め、「この商品がいいな」「ほしいな」と思ってもらえれば、SNSでの言及や口コミの拡大につながり、ブランディングにも波及していきます。

ブランディングというと一般的に「付加価値をつける」「デザインや見せ方を大きく変える」といった手法を取りがちですが、地道にCXを高めていくことが資産にもなり、ブランディングにもつながっていくでしょう。

デジタルマーケターは、この点を十分わきまえる必要があります。

事業としてのブランディングにいずれ携わりたいと考える人もいるでしょう。より高みを目指そうとする志は崇高ですが、視座を高く持つのであればなおのこと、マーケティングの基本施策を確実に実践できるようにしておきましょう。

03

軸をずらした競合比較によって柔軟な視点を持つ

他業界でもビジネスモデルが同じなら〝仮想の競合〟

前述したマーケティングマトリクスにおいて、3C分析を経てベンチマークを見つけたら、ケイパビリティを明確にし、KSFを見出すという手順を説明しました。

このプロセスにおいて大切なのが、ベンチマークをどこに定めるかということ。基本は同じ業界の競合他社ですが、実はこれだけでは不十分です。いつまでも二番煎じのままでは、競合に追いつくことはできても追い越せない、勝つことはできないからです。

では、どうすればいいのか。ヒントとなるのが他業界、他業種を対象とした「軸をずらした競合比較」です。

別業界に視野を広げて共通のビジネスモデルを探し、同業他社がまだ行っていない優良施策を見出すことができれば、それは自社の強みとなるでしょう。

一方、ウェブマーケティングの世界では、ウェブサイトの構造が類似していれば、ビジネスモデルに共通項がなくとも競合比較の対象になり得ます。

例えば、洋服の通販サイトを強化したいと考えたとします。現状把握をして、競合がどんな施策を打ち出しているか探っていくわけですが、ここで軸をずらしてファッション業界以外に焦点を当て、優良施策を掘り出すのです。

一例として、株式会社リクルートが運営する、住宅・不動産購入や賃貸物件の大手情報サイト「ＳＵＵＭＯ」に注目してみましょう。洋服と不動産で共通点はないように感じられますが、実はウェブ上ではビジネスモデルが重なっているのです。

どちらのサイトもユーザーは最初に条件を設定します。洋服であれば、レディースかメンズかキッズか。さらにアイテム、サイズ、価格帯、カラーなどで絞り込む。ＳＵＵＭＯでもまずエリアを選び、次に賃貸か購入かリフォームかといった項目で検索していきます。その後、両サイトとも検索結果に商品一覧が表示され、ユーザーはそこから個別のページへジャンプして詳細を確認し、発注するという流れです。

商材こそ違っても、サイトの構造は似ている。だからこそ参考になるのです。

《洋服の通販サイトとSUUMOのウェブサイトの構造は同じ》

①条件を設定して検索
②商品／物件一覧が表示される
③個別の商品／物件ページへ遷移する
④ユーザーが発注・問い合わせする

SUUMOを、軸をずらした〝仮想の競合〟と見立てたら、次にSUUMOのサイトを分析し、優れている点はどこか、見習うべき施策は何かを探ります。

SUUMOが持つ特徴の1つは、不動産を紹介する写真の豊富さにあるでしょう。1件の不動産ごとに少なくとも15点ほど、多いものでは30点近くにのぼります。間取りや内観・外観はもちろん、設備の詳細や近隣の施設などまで、多岐にわたる情報を写真で示すことで、「この物件に住んだらどんな暮らしができるか」をユーザーに訴えている。まさに、CXを高める戦術といえます。

そこから、洋服の通販サイトでも写真を多く掲載するというアイデアが考えられます。現状で1点しか掲載していないのであれば、商品の正面と後ろの写真のほか、使用している生地、ボタン・えり・そでなど細部の様子がわかるアップ写真、店員がモデルになってその服を着用した写真などを掲載するのもよいでしょう。そんなふうに改善のヒントが見えてくるわけです。

他にも、SUUMOには、

- **物件の詳細ページに問い合わせのボタンを設けている。**
（MQLからSQLへの移行がスムーズになる）
- **物件の詳細ページから物件を取り扱う店舗がわかる。**
（問い合わせや現地見学の心理的ハードルが低くなる）
- **ユーザーの検索・閲覧履歴から似た条件の物件を抽出してお薦めする。**
（ニーズに合致する物件をプッシュする）

といった機能があります。

これらも多くの企業にとって見習うべき差分であると思います。

リクルートの情報サイトは、日本最大級の宿・ホテル予約サイト「じゃらん」や、飲食店のクーポン・予約サイト「ホットペッパーグルメ」、就職活動支援サイト「リクナビ」、結婚式場の情報サイト「ゼクシィ」など幅広い業界で数多く展開していますが、いずれも分析してみると、ウェブサイトの構造は類似しています。まったく違う領域のようで、同一モデルの軸をずらして横展開しているわけです。日本の情報化をけん引してきた企業だけに、その手法は非常に洗練されています。ユーザーの立場でこうしたサイトを解析し、惹かれる点はベンチマークとして採り入れ、自社サイトの改善に役立てましょう。

また、いわずと知れた世界一の通販サイト「アマゾン」も参考になります。ある商品を買ったユーザーが、他にどんなものを買っているかを示す（類似したペルソナへのレコメンド）、カートに入れなくてもワンクリックでスピーディに購入処理できる、ユーザーの商品の評価軸としてカスタマーレビューを活用できるなど、実際にアマゾンの仕組みを踏襲する通販サイトは少なくありません。

３Ｃ分析では自社と同じ業界の競合を分析することが基本ですが、軸をずらすことでより多くの、しかもレベルの高い競合に目を向けることができます。軸をずらすということはすなわち分析の視座を高めることにもなるわけです。

同一業界という小さな鳥かごの中で判断せず、ビジネスモデルやウェブサイトの構造の類似性にも着目し、視点を柔軟に保って新たにベンチマークする企業を見つけて、差分を埋める施策を進めましょう。

「テストマーケティング」で挑戦意欲を高める

とはいえ、軸をずらした競合比較でベンチマークを見出すことができたとしても、異なる業界の施策である以上、実装して本当にうまく機能するかどうかはわかりません。実際に試してPDCAを回し、効果を確認することが重要ですから、そこで行いたいのが「テストマーケティング」です。

新しい施策に取り組むとなると、不安やプレッシャーを感じて尻込みする人がいますが、「テスト」と銘打てば、「試しにやってみよう」「やってみてだめならやめればいい」「失敗してもいいんだ」と気持ちを切り替えられるわけです。

これはデジタルマーケター本人のみならず、社内外の関係者に対しても有効でしょう。心理的な負荷を軽減し、挑戦へ向けて行動を促す、その機運をつくるために「テスト」という言葉を用いるのです。

テストマーケティングといっても、手順は通常のマーケティングと同じです。競合のビジネスモデルにおいて、顧客はどのようにして商品・サービスを知るのか、受注した顧客にどのようなサービスを提供しているのかなど、バリューチェーンごとの施策を分析し、自社のそれと比較していきます。対象が同業の競合か、軸をずらした競合かという違いはあるものの、比較する手法は変わらないということです。

立案した施策が妥当かどうかは実行してみなければわかりませんが、失敗を恐れるあまり行動を起こせないのでは、いつまで経っても状況は変わりません。「やったことのないことをやってみる」という挑戦意欲や行動力はソフトスキルの1つのテーマであり、デジタルマーケターに求められる能力でもあります。

デジタル技術の進化は早く、いろいろなツールが次々登場する現代。「テスト」「お試し」という言葉で挑戦の心理的ハードルを低くして、新しい手法を積極的に採り入れることで、自社のビジネスのケイパビリティを増やしていきましょう。とはいえ、やみくもにテストマーケティングを行うことは浪費につながります。期日を決めて効果測定を行い、標準化するか撤退するかを判断する姿勢も問われます。

04 CXを高めることで差別化を際立たせる

商品・サービスはCXと一体となって価値を発揮する

世の中の多くのデジタルマーケターは、数字分析やその結果を踏まえた戦術立案など、ハードスキル寄りの仕事に力を入れがちです。そうした業務も必要ではありますが、マーケターが本領発揮すべきはマーケティングマトリクスの③の部分、つまりソフトスキルを駆使したCXの向上にあるのです。これこそマーケターが真に取り組むべき施策であることをわきまえておきましょう。

「ウェブサイトが収益にならない」「お客さまがやってこない」と嘆く企業でも、広告出稿やSEO対策など、基本的な集客の仕掛けは整備されていることが多くあります。収益が上がらない原因はお客さまがこないことではなく、「来訪したお客さまが商品を買わずに帰ってしまう（サイトから離脱してしまう）」ことにある――そんなケースは枚挙にいとまがありません。
すなわち、初見のユーザーにウェブサイトを訪れてもらう施策は十分できているけれども、そこからの〝おもてなし〟が弱いということです。そのおもてなしのデジタル版がCX。つまり、CXをおろそかにすることは、店員の接客が悪いまま広告にばかりお金をかけているようなものだといえるでしょう。

第2章で、CXは組織の「資産」であると説明しました。CXは商品・サービスの価値そのものを左右する重大な要素です。商品やサービス自体は競合に模倣されやすく、それゆえ価値がコモディティ化しやすいでしょう。
そのような状況で、ユーザーがその商品やサービスを選ぶ決定的根拠となり得るもの――それがCXなのです。

図18は、CXの質によって顧客の受け取る価値がどのように変化するかを示したものです。
商品やサービスに本来備わる価値(合理的な価値)が同じで、CXが良くも悪くもない場合、ユーザーは合理的な価値のみを受け取ります。

商品・サービスはそれ単体で価値を持つのではなく、CXと一体となって価値を発揮するということです。だからこそ差別化を図るためにCXを高めることが重要となってきます。

3C分析や競合との差分を埋める施策は、マーケティング管理表を見つめて最適化を図ることで実現します。重要な仕事ではありますが、それほどクリエイティビティが問われるものではありません。CX向上の施策を練ることこそ、デジタルマーケターの本領発揮と心得て、精力を注いでください。

図18▶CXの質で変わる顧客の受け取る価値

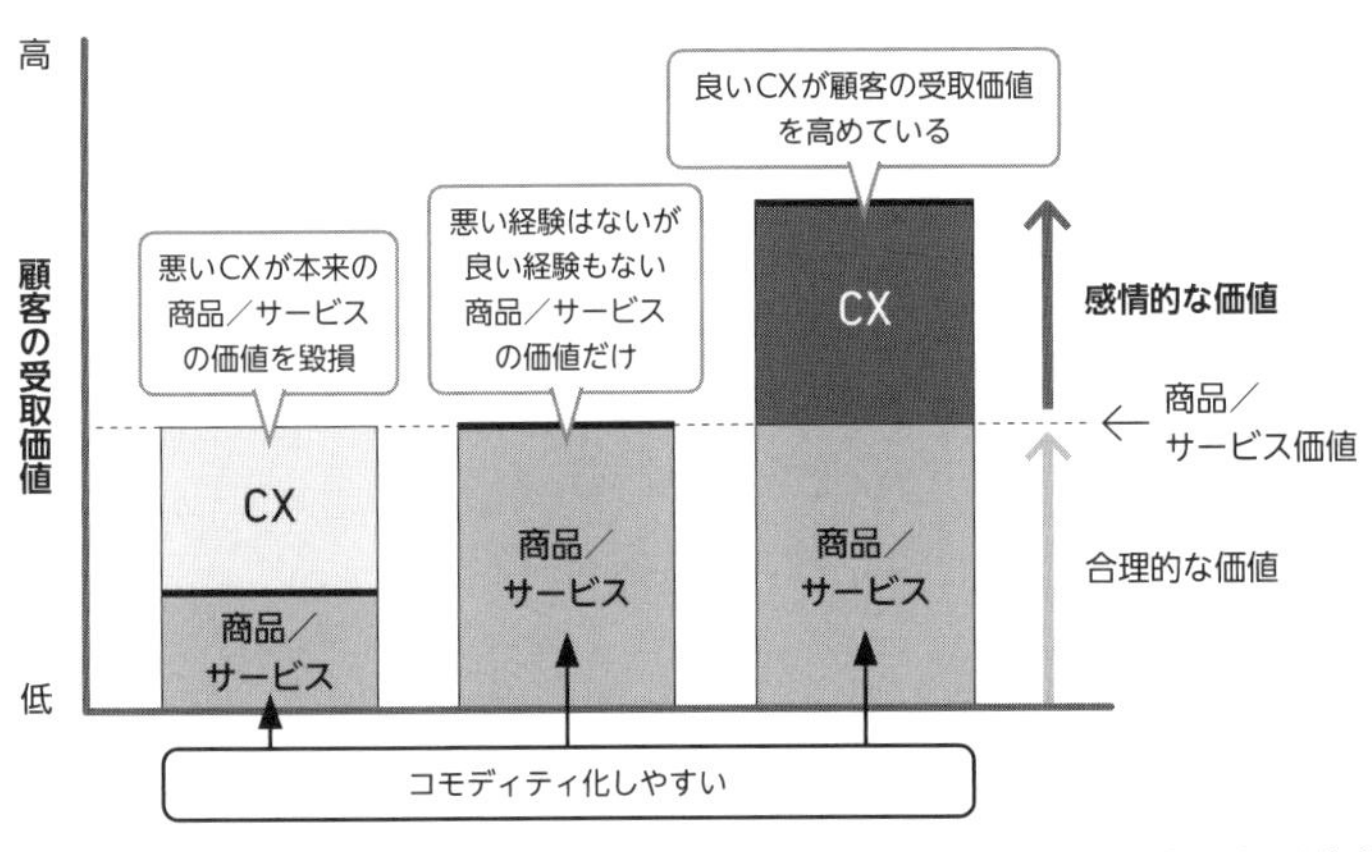

出典：野村総合研究所グループのデータをベースにグランネット作成

ヒト・モノ・情報の視点で活用できる資源を洗い出す

では、具体的にどうすればCXを高められるのかを考えてみましょう。
CXとは、ユーザーがその商品・サービスを導入するまでの過程、実際に使用する体験、購入後のフォローアップなど、商品・サービスに触れる各段階における「経験」「感情的な価値」のことです。従って、これらの各過程でユーザーが「この商品やサービスを買ったら、どのようなメリットが得られるか」を、さまざまとイメージできるような情報提供をする必要があります。

そのために活用できる資源としてどのようなものがあるか、自社のビジネス環境を見渡して棚卸しをしてみましょう。顧客データ、パートナー(代理店・協力会社・フリーランスなど)、関連する自社の商品・サービス、ナレッジなど、ヒト・モノ・情報の視点で幅広く洗い出し、それらがどのようなシーンで活用できるかを評価してプランを練っていきます。

特に注目したいのは顧客データ、それも商品・サービスを購入した顧客の声(VOC：Voice of customer)です。「私はなぜこの商品を買ったのか」「商品を買ってどのようなメリットが得られたか（どのような課題が解決できたか）」といった情報は、リードのCXを刺激し、購入意欲を高めるトリガーとなるからです。

実際にあった事例を基に説明しましょう。

グランネットでは、ある人材紹介サービス企業からウェブサイトのCVを高めたいという相談をいただきました。

サイトを分析すると、ユーザー（求職者）がこのサイトを利用することで得られるメリット（有利な条件で転職ができそうかどうか）がはっきり見えてこないことが課題になっていたのです。

そこで、転職に成功したユーザーの生の声がないかと担当者の方に聞くと、実は豊富にあるといいます。

アンケートの回答データが社内に相当蓄積されているとのことで、内容も「なぜこの人材紹介サービスを選んだのか」「サービスを利用してよかった点」「転職に満足できているかどうか」など、まさにユーザーのCXを高める切り札といえるものでした。

これをサイトに掲載しないのは宝の持ち腐れです。早速サイトで公開したところ、ＣＶは飛躍的に高まりました。社内で眠っていた資源を活用し、サイトの改善につなげられた好事例です。

顧客事例やアンケートもCX向上に役立つ

顧客の声に該当するものは、いろいろと考えられます。

ＢｔｏＢであれば顧客事例があります。建築・工事会社における施工事例も同様の役目を果たすでしょう。

顧客の声を集めていないのであれば、ぜひアンケートなどのヒアリング施策を採り入れましょう。商品の購入者に送るお礼のメールにアンケート項目を記載するなど、簡単に実行できます。「サイトの情報は見やすいか」「商品を購入した理由（デザイン、機能性、価格など）」といった質問への回答から、自社のケイパビリティが見えてくるはずです。

また、ＢｔｏＢのビジネスではウェビナー（インターネット上で開催するセミナー）も有用です。幅広いリードにリーチできるうえ、参加者とダイレクトにつながることができます。いわばナーチャリング（リードとの関係構築）が可能になるわけです。

ナーチャリングによって名前と連絡先（メールアドレスや電話番号）を把握できれば、ＭＡ（Marketing Automation：マーケティング自動化ツール）によるメールマーケティングも可能となります。一人ひとりの属性やニーズにカスタマイズした情報を提供できることは、まさにＣＸを高める施策といえるでしょう。結果として、購買意欲をより刺激できます。

さらに、ナレッジもＣＸ向上の重要な資源です。第2章でペルソナになりきることの重要性を説明しましたが、自分自身で自社のウェブサイトにアクセスし、購入までの行動を実際に行ってみることで、ＣＸ向上のヒントが得られることもあるでしょう。


後述しますが、ＣＸを高める施策はそれほど難易度が高くありません。しかし確実に差別化につながるものです。だからこそ、そこに力点を置くべきだといえます。ＣＸを向上することで、マーケティング戦略全体の成果の底上げが期待できるのです。

05

映画から新事業を思いつける人材になろう

成功にたどりつくために複合的にスキルを備える

宅配ピザの「ピザーラ」を創業した、株式会社フォーシーズ代表取締役会長の淺野秀則さんは、映画『E．T．』で宅配ピザのシーンを観て、起業を思い立ったそうです。『E．T．』を観た人は日本だけでも1000万人以上にのぼりますが、そこからピザの宅配事業を日本で始めるという新しい価値を創り出したのは、淺野さんただ一人でしょう。

アップル社を創業したスティーブ・ジョブズは、知識や経験などの「点」をつなぐことでイノベーションを生み出してきたと述べています。点と点をつなげることが革新的なアイデアにつながり得るということです。

こうしたエピソードは、日常に新しい価値のヒントが潜んでいること、そしてそれに気づいて創意工夫する先に新たな価値が生まれることを私たちに教えてくれます。
また、これらの逸話は、発想の種が得られたら行動することの重要性も示唆しているでしょう。チャレンジしなければ成果を手に入れることはできません。目標を設定したら、それに向かって行動を起こすことが何より大切です。

そしてもう1つ、行動を起こしてからの課題解決力も欠かせません。何かを始めると多くの場合、困難に直面します。特に前例のない課題に取り組むときは、茨の道を行くことになるでしょう。
そこで諦めるのではなく、活用できる資源をさまざまな角度から検討し、課題を乗り越える方策を探すことです。

このように考えると、「発想力」「行動力」「課題解決力」のセットが価値創出の鍵であるといえます。優れた発想を形にするため行動を起こし、その行動をやり抜くために課題解決力を携える。複合的にスキルを備えることで成功にたどりつくのです。

チャレンジできる自分をつくる5つのポイント

発想し、行動し、課題を解決するという一連のプロセスを下支えするのは、「自分は必ずこれをやり遂げられる」「自分なら大丈夫」「何とかなるはずだ」という自信や自己効力感、あるいは楽天的な態度といえるかもしれません。

いわば失敗を恐れない姿勢です。

学生や新入社員、若手社員と話していると、「失敗したくない」という気持ちが強いと感じます。その多くは立派な学歴を持ち、あるいは一定のキャリアを積んでいて、それを壊したくない、だから挑戦を避けて安全な道へ行こう——そんな思いが透けて見えるのです。

こうした姿勢は、チャレンジする機会や自分がやってみたいことを実現するチャンスを、自ら潰してしまいます。

もちろんレールから外れることを奨励しているわけではありません。今までの成功の延長線上で仕事に励む道もあります。しかし、「安心」「失敗しないこと」「自己保身」ばかりを重視していると、もっと大きなものを失いかねません。

特にDX推進が必要とされる現代、過去の成功体験にとらわれていては新たな価値の創出は不可能です。できるかどうかわからないチャレンジだとしても、「やってみたい」「やってやろうじゃないか」という気概を持って、積極的に行動を起こしてほしいと思います。仮に失敗したとしても、その経験から得るものはあるはずで、それはあなたにとってかけがえのない資産となるのです。

チャレンジできる自分をつくるために心掛けたいポイントは5つあります。

1つ目は「心理的安全性」の確保です。組織の中で拒絶や罰せられたりすることなく、安心して自分の考えや意見を表出できる状態のことで、これがないと新しい行動を起こしにくい、いわゆる「指示待ち」状態になりやすくなってしまう。心理的安全性の確保は基本的にはマネジメントの課題ですが、できれば環境に左右されず、自分でコントロールできることが望まれます。上司や組織に問題がある場合は転職も1つの選択肢といえるでしょう。

2つ目が、「勝者のメンタリティ」を身に付けることです。「行動したところで本当に成果が出るのだろうか?」と逡巡するのはやめましょう。重要なのは、プランが成功するかどうかではなく、PDCAを回し続けることです。PDCAを回した結果、プランに不備があればそれを修正していけばいいのです。その連続でおのずと勝利を手にすることができます。自信を持って、まずは第一歩を踏み出してみましょう。

3つ目は、「マイナスをプラスに転換する」姿勢。どんな仕事でも失敗はあります。しかし、いつまでもその失敗を引きずるのは、時間の浪費です。失敗から学ぶ姿勢を持つことで成長のきっかけもつかめます。

4つ目が、「セルフマネジメントで最速の成長を目指す」ことです。キャリアの成長は、自分で考えて行動に移し、その結果を検証し、必要に応じて行動(施策)を変えるというPDCAの繰り返しによってもたらされます。従って、このプロセスをセルフマネジメントできるようにしておくことが、成長スピードを高める秘訣なのです。

そして、チャレンジできる自分をつくるためのポイントの最後である5つ目は、「ワクワクすることに挑戦する気持ちを一番大切にすること」。これがもっとも重要といえるかもしれません。

高いモチベーションで仕事に臨むことがパフォーマンスにつながります。失敗を恐れず、やりたいことに真っすぐに突き進む、そんなエネルギーを大事にしてください。

06

ビジネス基礎力を磨き、成長の土台を築く

営業職の経験もマーケターの力量を高める

ここまで説明してきた5つの新常識の土台となるのが社会人としての基本の能力、すなわちビジネスの基礎力です。これはソフトスキルとも密接に関係するもので、決して軽んじてはいけません。特に昨今ではリモートワークが浸透し、オフィスで先輩や上司の直接の指導を受けられず、基礎を身に付けにくい環境に置かれる人も少なくないでしょう。

次に挙げる項目は仕事の根幹を成すものとして、ぜひ習得してください。

●積極的にコミュニケーションを取る

社内のメンバー、顧客、関係会社など、ビジネスのあらゆる人間関係はコミュニケーションから始まり、多くの行き違いやミスも、コミュニケーションや確

認の不足から生まれます。

密なコミュニケーションで仕事の精度を高めると同時に、信頼関係の構築に努めましょう。また、自身の業務以外に従事している方と接することで、新たな知見を深めることができます。

●チームワークを重視する
バリューチェーンの項目で説明した通り、ビジネスは一人では成り立ちません。マーケティング施策で活用できる資源の選択肢を増やすためにも、チームや組織の一体感が必要です。

スタンドプレーに走らず、チームワークを重視して成果に結び付けましょう。

●フィードバックを前向きに受け入れる
上司からのフィードバックが思い描いたものと違った場合、相手の立場に立って仕事ができていないということです。

そして、そのフィードバックをもって、上司はあなたに改善を促しているのです。

ネガティブな指摘があったとしても、落ち込んだりすねたりせず、前向きに受け入れて成長の糧としましょう。

●営業職を経験してみる

営業職は市場や顧客と直に接し、ニーズを深く理解できる仕事です。デジタルマーケターのスキルと営業のスキルは非常に似ています。

マーケターとして力量を高めるために営業職を経験してみることもお勧めします。

●対立を乗り越える

ビジネスでは利害が複雑に絡み合います。ときには意見が対立することもあるでしょう。そのような場合、自らの考えや仮説にこだわっていると状況は膠着したままです。相手の主張の背景に思いを巡らせて、意見を統合する、第三の道を探るなど打開策を講じましょう。

対立を乗り越えた先に新たな価値が生まれることもあります。

●リーダー職を引き受ける

現場担当者として経験を積むうち、リーダー職や管理職として指名されることもあるでしょう。人を育て、チーム全体に目配りすることが次の成長につながります。

リーダーシップを身に付けることもぜひ意識してください。

●仕事を大局でとらえる

左の人から渡された仕事を右の人に渡すだけでは質の良い仕事とはいえません。左の人は何を期待して自分にこの仕事を依頼したのか、右の人は自分に何を求めているのか。仕事の大局を常に意識することで視野が広がります。

私が新卒で入った会社では「目の前にごみが落ちていたら自分の責任と思え」と教えられました。

一見関係ないように見えることでも、業務上の課題は程度の差こそあれすべて自分に関係しているということです。

目の前の仕事が全体を構成する一部分であると理解できると、仕事の本質により深く切り込んでいくことができます。

●自らのソフトスキルの現状把握をする

ソフトスキルの強化についても、マーケティング手法（現状把握〜課題抽出〜対策立案〜計画実施）が適用できます。

自分自身のソフトスキルの現状を見つめ、足りないソフトスキルを補いましょう。

●身近にいるソフトスキルの高い人を観察して真似をする

第1章で、組織で働くことのメリットの1つとして、身近なロールモデルが得られることを挙げました。周囲にソフトスキルの高い人がいたら、言動、思考回路などをよく観察して真似してみましょう。

それによって自分でもソフトスキルを拡張することができます。

グランネットでは、マーケティングで成果をあげるためにソフトスキルを重視し、それを高めることも目的とした、10項目の行動指針を策定しています。第6章で紹介しますので、それもぜひ参考にしてください。

Chapter 5

第 5 章

ケーススタディで学ぶ デジタルマーケティングの最前線

この章では、グランネットが外部の組織へ実施したデジタルマーケティング施策の事例を紹介します。

企業や自治体などクライアントはさまざまですが、いずれもデジタル化やDX推進における課題・悩みを抱えていました。

その解決に向けて我々がどのような役割を果たし、結果としてどのような成果が得られたのかを紹介することで、デジタルマーケティングを実践する際の1つのヒントとしていただければと思います。

【大阪府茨木市】グーグルビジネスプロフィールで避難所情報を提供

01

Chapter 5

プラットフォームに求められた要件は4つ

近年、大規模な自然災害が頻発するようになり、多くの自治体が災害対策（強靭化）に取り組んでいます。

大阪府茨木市もそんな自治体の1つです。2018年に大阪府北部地震や台風21号が発生したときは、パニックに陥った市民が茨木駅に殺到し、迅速な避難活動ができませんでした。有事の際には、市内の小学校や公民館など計77カ所(当時)の施設が避難所になるのですが、その事実を多くの市民が認識していなかったことが原因です。

そこで茨木市では、住民一人ひとりが災害に備えられる環境を整備しようと、デジタルを活用して避難所の情報を周知する計画を立案しました。その提携パートナーとして選ばれたのがグランネットでした。

この仕組みに求められた要件は、①避難所がどこにあるかがスピーディに検索できること、②今、自分がいる場所から一番近い避難所までのルートを示せること、③自治体の施策として、実施(開発)にかかる費用をできるだけ低減すること、④次にいつ災害が起こるかわからないので、できるだけ早急に情報基盤を構築できること、という4点です。

これらを踏まえてグランネットが提案したプラットフォームが、グーグルビジネスプロフィールでした。グーグルの検索結果やグーグルマップ上に表示される店舗や企業、施設などの情報を、その当事者が登録・管理できるツールで、基本的に無料で利用できます。

情報検索で圧倒的シェアを誇るグーグルは多くのデジタルツールで利用可能であり、市民からすれば新たなアプリをインストールする必要がなく、非常に使い勝手のよいものです。

マップ上の表示や現在地からの経路検索も容易で、そのうえシステムの開発費もかかりません。

ユーザーのニーズをしっかり踏まえ、それを満たすプラットフォームを選定したということです。

官民連携で社会課題の解決に取り組み、価値を共創

プラットフォームが決まり、次に行ったことは、そこに載せる情報の整備で

した。

グーグルマップ上に指定避難所として情報を掲載していいかどうかの権限は、それぞれの学校や公民館にあります。グランネットは茨木市の危機管理課と連携し、施策の目的を説明したうえで掲載の許可を得るという作業を、半年ほどかけて進めていきました。

その後、許可を得た施設の情報をグーグル上に登録していったわけですが、検索結果で指定避難所であることが明確にわかるよう、登録ページを追加して施設名称の前に「茨木市指定避難所」と表示するよう工夫。一連の作業を経て、グーグルマップ上で「避難所」と検索すると、次のような結果が表示されるようになりました。

市内の避難所には「茨木市指定避難所」と明記され、一目瞭然です。茨木市内に避難所が密集しているように見えるのは、他の地域ではグーグルビジネスプロフィールと連携する避難所が少ないからです。

しかしながら、グーグルのツールはシェアが高いうえに無料で使えるとあって、今後行政分野での活用が拡大する可能性もあります。

グランネットと茨木市のこの取り組みは、その先鞭といえるかもしれません。茨木市もこの仕組みを評価しています。危機管理課の担当者からは、「避難所の場所を市民にできるだけ早く知らせたかった。ようやく実現できました」と安堵の声が聞かれました。

社会課題は複雑かつ規模が大きく、行政だけでは解決できないことが少なくありません。このケースではグランネットが豊富な知見や的確な課題抽出力を活かして支援に当たり、計画を成功に導きました。

デジタルツールを通じ、官民連携で価値を共創した事例といえるでしょう。

02

【外国語学校・A社】

激減したCVの増加へ、サイトをリニューアル

ペルソナにマッチしたサイトを目指し、3つの施策を実施

創業以来、日本有数の語学スクールとして存在感を放ってきたのが、この外

国語学校・A社です。英語を筆頭に諸外国語を学べる場として、多くの受講生に親しまれてきました。

ところが、2019年末に始まった新型コロナウイルス感染症のパンデミックで事態は一変。

海外渡航の禁止や外出自粛などのあおりを受け、このA社では受講者数、ウェブサイトのCV数ともに激減するというピンチに陥りました。

正式な受講（契約）の素地となる無料体験レッスンやカウンセリングの問い合わせは基本的にウェブサイトから行うため、受講者数を回復するにはまずサイトのCVを増やすことが大前提となります。

また、A社内では新たなデジタルマーケティング手法の導入も望まれていました。同社にとってサイトの改善は、競争力を強化する抜本的な対策の1つであったといえるでしょう。

A社からそうした相談を受け、グランネットでヒアリングやリサーチに着手したのが2022年12月のこと。

A社ではメインとなるペルソナを「スキルアップや海外旅行に関心のある20代後半から30代前半の女性」と設定しており、このペルソナにあたるグランネットの複数の女性社員がサイトをチェックして定性的分析を実施。同時に、専任のアナリスト2名がデータ解析など定量的分析を進めました。

その結果、サイトのデザインがペルソナのニーズと大きく乖離していることがわかったのです。

これを解決するには、コンテンツやデザインをペルソナに適したものへ変更し、ターゲットへの訴求を強化すること、またユーザビリティを考慮したサイト内の導線設計を行うことが必要と判断。そこでグランネットでは次の3つの施策を立案・実施しました。

①サイトリニューアル……サイトの構成やデザイン、システムなどを新しくして、主要なページのコースページ・店舗ページを改善しました。

②CROコンサルティング……サイトを分析して改善点を抽出し、ページの最

適化を図りました。具体的には、アクセス解析・分析によって課題を精査し、KPIを策定。さらにその効果を測定しながら追加施策を行うというPDCAサイクルを回しました。また、A社のターゲットとするペルソナと同一で、成果をあげているほかのサイトを分析し、コンテンツの要・不要を整理しました。

③**SEOコンサルティング**……コンテンツの上位表示を阻害している可能性のある箇所を改修したほか、徹底的な競合調査でコース・店舗のSEO課題やユーザーニーズを満たすためのSEOコンテンツを策定しました。

検索結果の順位が1位へ。CVは140%に増加

グランネットではこれらの施策を実施するにあたり、A社の本部担当者との折衝はもちろん、各店舗スタッフへの依頼・連絡の取りまとめ、サイトデザインやコンテンツの制作会社へのディレクションも担当。品質や工期を包括的に管理するとともに、A社担当者の負担軽減を図りました。

一連の取り組みのかいあり、「英会話教室」関連のキーワードでグーグル検索(自然検索)した結果が、それぞれ1位～3位へと上昇。また、CVは140%に増加しました。

定量的分析によるSEO対策だけでなく、ペルソナを深く理解したからこその成果といえるでしょう。

また、コンサルティングから施策の立案・実施、コンテンツ制作までを一気通貫で対応した点も喜ばれました。

現在はさらなるサイトの改善へ向け、オンライン専用サイトや子ども向けサイトを含めたトータルでのウェブマーケティング支援を進行中。さらに、今後の計画として潜在層にもリーチし、中長期的な視点でのウェブマーケティングの実施と成果創出も視野に入れています。

グランネットではA社グループの別の事業サイトでもコンサルティングを行っており、デジタルマーケティングを通じて同グループ全体の企業価値向上に貢献しています。

03

【エンタメ情報会社・B社】

オウンドメディアを新規立ち上げ

「顧客対応者＋アナリスト＋制作陣」で課題を能動的に解決

芸能、音楽、漫画、アニメなど、エンタメ情報を発信するウェブサイトを運営するB社。ベンチマークとしている競合がオウンドメディアを運用して集客に成功していることから、自社としても同様の施策を打ち出したいと考えていました。そこで、オウンドメディアの立ち上げから運用までをワンストップで担える事業者を探し、グランネットにたどり着かれたのです。

ヒアリングを経て、グランネットが提案したのは、B社に寄り添い、課題を能動的に解決していくコンサルティング型のメディア創造でした。外部の制作集団としてB社の指示を待つのではなく、展開していく記事の方向性や柔軟に記事を追加する体制の構築などを提案。B社としてもニーズを深く汲んでくれたと、この枠組みを了承。こうしてプロジェクトが動き出したのです。

グランネットがまず行ったことは、プロジェクトチームの編成でした。グランネットでは顧客対応の窓口となるカスタマーサクセス部門の担当者とデータ分析を行うアナリストでチームを組むのが基本ですが、今回はメンバーにエンタメ記事執筆の経験豊富なライター陣、デザインやサイトのつくり込みを担う制作陣も外部からアサインし、独自のチームビルディングを行いました。

さらに、展開する記事数の拡大とB社のチェックの負担軽減を両立するため、目指す競合サイトの選定、記事テーマの優先順位の設定、記事制作の禁止事項などを綿密にすり合わせてルール化。制作を進める中でも認識のズレが起きないよう、毎月の定例会を通じて密なコミュニケーションを図りました。

一部のカテゴリーでは競合サイトを上回る成果も

特に傾注したことの1つが、オウンドメディアのオープンに合わせたSEO対策です。グーグルはサイトの確認と評価にタイムラグがあるため、記事を小出しにするとセッション獲得に時間がかかります。そこで記事の企画・執筆・ページ作成を前倒しで進め、オープン時にまとまった数の記事を公開しました。

また、エンタメ情報サイトならではの対策として、タイムリーな記事の制作にも力を入れました。エンタメ業界は旬の移り変わりが激しく、ターゲットのニーズに応えるには臨機応変な対応が欠かせません。そこで日々の情報収集と歩調を合わせて記事を公開できるよう、スケジュール調整にも努めました。

こうした施策を経て、B社のオウンドメディアは2022年11月に無事公開。グランネットがB社から相談を受けて、わずか2カ月後のことでした。初動に厚みを持たせたSEO対策も功を奏して、セッション数は公開から11カ月で50万を突破。作成・公開した記事は400本以上に上り、一部のカテゴリーでは競合サイトを上回る成果も見え始めています。

現在、グランネットではさらなるサイトの強化に向け、B社から追加発注された記事の制作に取り組んでいます。また、競合を超えるセッション獲得を目指し、記事の方向性として独自の路線も組み込むべく、テストマーケティングを実施しています。

エンタメ領域にも対応できるカバー力、成果につながるSEO施策──顧客対応、データ分析、クリエイティブという各分野のプロをアサインできるグランネットだからこそ実現した事例といえるでしょう。

【システム開発会社・C社】

伴走型支援でサイトの集客をアップ

04

潜在層へのリーチと顕在層への訴求力を高める施策

システム開発会社のC社では、さまざまな業種で利用できる予約の受付・管理システム（以下、予約システム）を開発・販売していますが、このシステムのサービスサイトへの集客が少なく、頭を悩ませておられました。

「予約システム」というワードで検索すると、表示されるのは73番目（自然検索）。状況を打開しようとウェブ広告を活用したものの、KPIはなかなか目標値に届かなかったといいます。ウェブでの露出の低さ、訴求力の低さを改善し、ユーザーの流入を増やすことが、C社の大きな課題でした。

もう1つの課題が、サービスサイトの運用担当者にデジタルマーケティングやSEOに関する知見が不足していること。サイトを改善しようにも何をどうすればいいか、わからない状態だったそうです。そこでC社では外部に支援を仰ぎ、集客向上を実現すると同時に、担当者が必要な知識を得る手助けをしてもらおうと構想。そこで白羽の矢が立ったのがグランネットだったのです。

グランネットで分析を行ったところ、予約システムの認知の低さが浮き彫りとなりました。そこでグランネットでは、「潜在層にリーチするためのコンテンツ制作」および「顕在層＝予約システムを求めているユーザーに向けたサービスページの改修とSEO評価の向上」という2つの施策を提案。幅広いユーザーに見てもらうためのコンテンツを作成してサービスの認知拡大を図るとともに、顕在層に向けてサービスページの説明や他社との比較などの要素を追加する形で、サイトの改修を進めていったのです。

検索結果の表示順位が73位から4位へ急上昇

グランネットが注目したのは、予約システムの豊富な導入実績でした。大手を含むさまざまな企業で導入・活用されていたものの、その事実がサイト上で明示されていなかったのです。そこで導入事例のページを拡充し、この予約システムが多業種に対応できること、システムを導入することで業務を効率化できることなどがよくわかるデザインへ変更しました。

また、潜在層に認知してもらうため、「カード決済」「会員管理」「集客タグ設置」などユーザーが悩んでいると思われるキーワードを一覧で表示。その悩みを予約システムで解決できることを説明するコンテンツも追加しました。ユーザーの悩みを軸に予約システムの価値を訴求したわけです。

これらの施策を行ったところ、検索結果の表示順位は従来の73位から4位へと大幅にアップ。CV数も格段に増えました。

一連の施策は、年間計画に基づいたマイルストーンに沿って、グランネットとC社の担当者が二人三脚で進めてきたもの。C社の課題を踏まえて、目指すポジションと現状との差分から短期集中で行った施策もあれば、中長期的にサイトの体質改善を図っていく施策もありますが、いずれも段階的に実行することで着実に成果をあげると同時に、担当者の理解や学びも無理のない形で深めることができています。

今後は、さらに検索順位を上げる施策を打ち出すとともに、CVR改善についても支援を予定。C社の予約システムは、認知度向上というフェーズからシェア拡大という新たなフェーズへ、いっそうの進展が見込まれます。

Chapter 6

第 6 章

ホールディングカンパニーを視野に。飛躍へ向けたグランネットの〝流儀〟

Chapter 6

01

SEO業界の常識を変える
――その使命を忠実に果たす

次の一手が見える、SEO対策支援ツールを自社開発

さて、ここまでデジタルマーケティングの要素や進め方、ソフトスキルやCX向上の重要性などとともに、それらが現場でどのように実践されているのか、事例を通じて説明してきました。締めくくりとなる本章では、グランネットの〝流儀〟、すなわち我々が何を重視してマーケティング事業を展開しているかについて触れておきたいと思います。

私がグランネットを創業した背景には、「SEO業界の常識を変えたい」「デジタルマーケティングの不透明感を払拭したい」という使命感があったことは、本書の冒頭で触れた通りです。

その原点の思いを貫くべく、当社ではすべてのSEO施策とその効果についい

てレポートを発行し、お客さまに詳しく開示。また、ＳＥＯ対策のプラットフォームも自社開発しています。

グーグルアナリティクスとグーグルサーチコンソールをかけ合わせた効果測定を自動で行い、成果を最大化させるためのデータをすべて可視化。

これまでの膨大なコンサルティング実績から導き出したグランネット独自の最適解データも投入し、ＳＥＯ対策の改善施策の提案、実施した施策の効果測定、各施策の進捗管理も含め、成果に直結するＳＥＯ対策を1つのプラットフォームで実現します。これらは、ＳＥＯに詳しい人はもちろん、そうでない人でも簡単に分析が行える操作のしやすさも特長で、デジタルマーケターに要求されるハードスキルの大部分をこのシステムが代替できるわけです。

現在、目標達成への進捗までを可視化する機能を実装するなど、さらなるアップデートに向けて開発を進めています。

これは、数字の羅列から次の一手を見出すことを支援する、マーケターの負担を減らすツールです。マーケティング業務に取り組む際には、ぜひ活用を検討してみてください。

ミッションは、「挑戦したいを叶える」

デジタルマーケティングの常識を創る

グランネットは２０１２年の創業当初、ＳＥＯ対策やリスティング広告などを中心とした検索エンジンマーケティング支援を提供していましたが、現在はウェブコンサルティングサービスやＳＮＳ運用支援にも業容を拡大しています。
それでも原点の思いは変わりません。
すべての企業にウェブマーケティングに挑戦いただくために常識を確立すべく、組織一丸となって業務に取り組んでいます。

グランネットのミッションは「挑戦したいを叶える」です。

クライアント企業やグランネットの社員も含めた、事業で関わるすべての人の「挑戦したい」という気持ちを支える会社でありたいと考えています。

未来への希望や可能性があればこそ、人は頑張れるし、楽しく生きられるはず。グランネットに関わる一人ひとりが未来への希望を持ち続け、今この瞬間に頑張ることを応援する企業になることを最大の使命としています。

これを受けたビジョン（実現したい未来）が「デジタルマーケティングの常識を創る」です。

マーケティングに正解はありませんが、ここまで説明したような現状把握〜目標設定〜課題抽出〜対策立案〜計画実行〜振り返りといったプロセスを踏むこと、すなわち「正しく挑戦する」ことはできます。その環境をつくることがグランネットのビジョンなのです。

「ワングランネット」で個人の限界をチームで突破

グランネットでは、ビジョンを踏まえ、日々の行動様式や判断軸となる行動指針（バリュー）を10項目策定しています。いずれもソフトスキルの重要性を訴えるものでもあるので、ここで紹介させていただきましょう。

図19▶グラネットが目指すもの

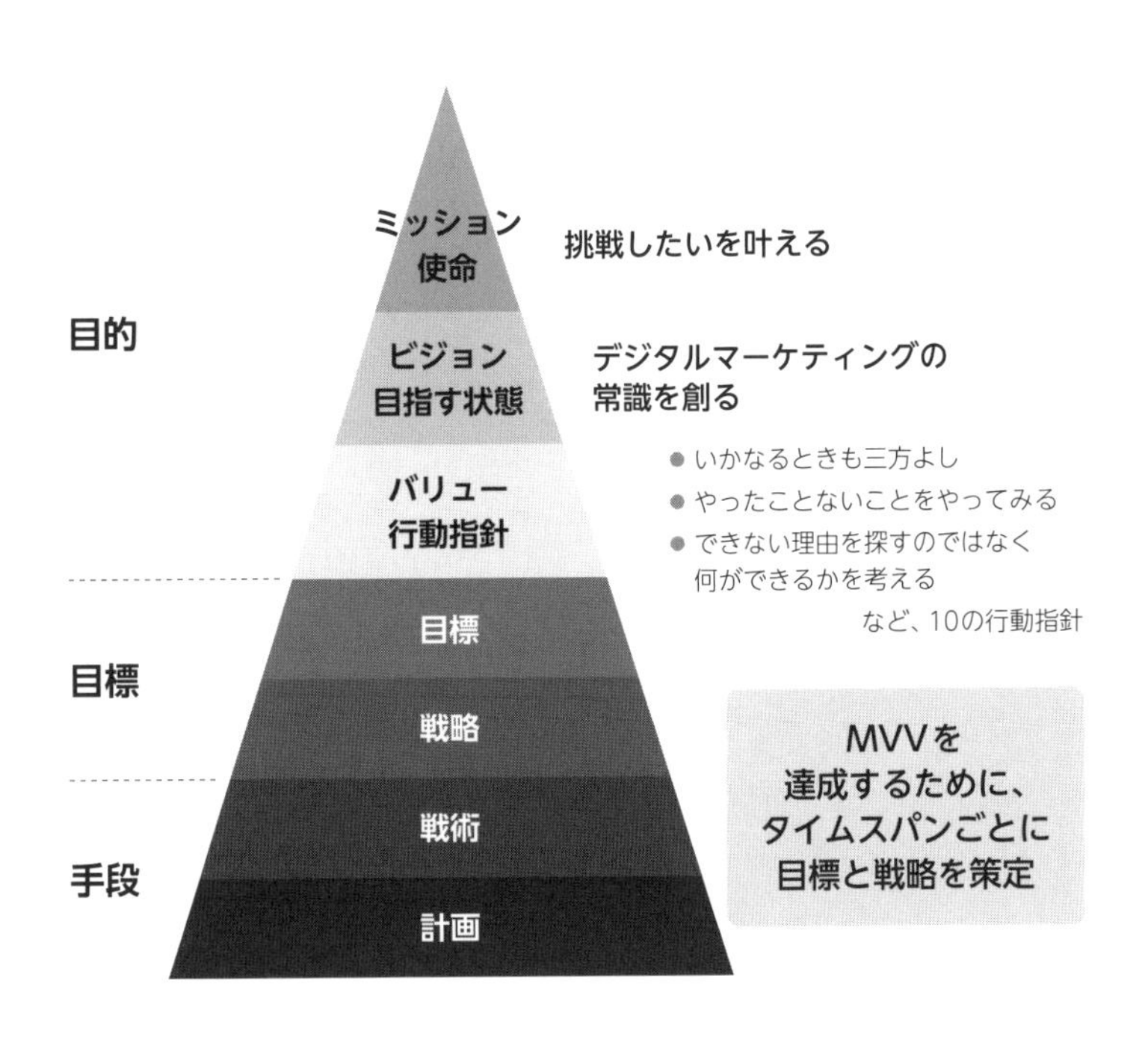

出典：グラネット

《グランネットのバリュー》

①いかなるときも三方よし

いかなるときも「自分・相手・第三者」というすべての立場から見て良い選択をします。

「自分・お客さま・お客さまのユーザー」や「自分・会社・お客さま」など、関係する相手側のことを考えて行動するからこそ成果が出ますし、それが自分自身の成長にもつながります。

②やったことのないことをやってみる

未来の希望や可能性を信じるには自信が必要です。自信を得るには、それまでしたことのないことをやり続ける必要があります。

大がかりなことでなく、小さなことでも少しずつ自分の経験値を高めていくことで、できることが増え、それが自信につながり、ポジティブな未来を形づくっていきます。

③できない理由を探すのではなく、何ができるかを考える

建設的なコミュニケーションは相手を肯定することから始まります。

チャレンジングな提案に対して「どうせ無理」「できっこない」と真っ向から否定するのではなく、「だったらこうしたら?」の〝Yes, but〟を心掛けます。

④アウトプットファースト

思いついたらまず行動することです。

インプットに膨大な時間をかけてアウトプットが遅くなる、あるいはアウトプットまでたどり着かないのでは意味がありません。足りない部分は走りながらインプットしましょう。

①の「いかなるときも三方よし」にも通じますが、相手が何を考えているかを知るためにも、まずは自分から情報発信や提案などアウトプットすることが必要です。

そのうえで相手の意向に耳を傾けるのです。アウトプットファーストは、積極的な自己主張の重要性も示しています。

⑤誰かがやってくれるじゃなくて、自分でやる

「私の仕事ではないので後は頑張って」という態度では組織は成り立ちません。自分が行った仕事は最後まで完遂することはもちろん、自分が依頼した仕事がどうなったかを確認するなど、バリューチェーンを意識します。積極的に行動する責任感とプロ意識を持ちましょう。

⑥一人ひとりがマーケターであれ

マーケティングは、狭義には「モノを売る」ことを意味しますが、広義には「自分の仕事の価値を別の人に提供する」ことでもあります。

その意味でマーケティング能力はあらゆる部署のあらゆる仕事で必要となります。

価値ある仕事をするためには受け取る側の気持ちを考えなければなりません。与えられる側ではなく、与える側＝ギバー(giver)集団として仕事に取り組みます。

⑦個人の限界をチームで突破する「ワングランネット」

どれだけ個人に能力があっても、集団(組織)にはかないません。特に高いハードスキルを持つ人は独力で何とかしようと考えがちですが、業務内容や責任の度合いが高度化していけば限界が生じます。

自分に能力が足りないことは恥ずかしいことではありません。組織に属するからこそ、一人では足りないことを補い合うことができますし、それによって道が開けます。

⑧クライアントよりもクライアントのことを知る

クライアントよりもクライアントのことを知ることを心掛け、目の前の顧客だけでなく、さらにその先の顧客（エンドユーザー）まで行き届くホスピタリティを持ちましょう。それが現状把握の質を高め、さらに的確な課題の抽出につながります。

本質的に良いものを提供し続けることで、クライアントに認められる努力をします。

⑨焦らず急ぐ

マーケティングの段取りとして、現状分析をして課題の優先順位を見極め、計画を立てることが重要と述べましたが、これは日々の仕事でも同じです。

計画通り進めれば焦る必要はありませんし、予期せぬ事態が起きたら計画を立て直せばよいのです。

急ぐ(時間を浪費しない)必要はありますが、予期せぬ事態が発生した場合、焦って計画を無視した行動に出ると空回りして余計に遅くなります。

どんなときも冷静に、計画を1つずつ着実にこなしましょう。

⑩ソラ・アメ・カサの共有を大切に

空が曇ってきたという「事実」を基に、雨が降りそうだと「解釈」して、傘を持っていこうと「判断」する――このように自分の頭で考えて状況を判断し、チームで共有することが重要です。

新しいことにチャレンジする、当事者意識を持つ、積極的に行動するなど、ここに挙げたバリューを実践するため、自分自身の考えを踏まえて共有する「ソラ・アメ・カサ」を心掛けましょう。

ホールディングス設立へ向けてリーダーを育成

こうしたミッション、ビジョン、バリューをベースに、グランネットはマーケター集団として日本のＤＸ推進のギアをさらに上げることを目指し、デジタルマーケティングの常識を創っていきたいと考えています。

そのために重視しているのが、デジタルマーケティング人材を社会に多く生み出すこと。

本書を執筆した動機の1つも、ここにあるのです。

そして、グランネットもまた、ともに歩んでくれるマーケターを必要としています。

当社はデジタルマーケティング事業にいっそう厚みを持たせるため、ホールディングカンパニーの設立を目指していますから、事業部が増えれば、それぞれの事業をけん引するリーダーも必要になるわけです。年齢に関係なく、実力と熱意にあふれる人には、責任ある仕事をどんどん任せていきたいと思っています。

「挑戦したいを叶える」というミッションの通り、グランネットにはたくさんのチャンスがあふれています。

興味を持たれた方は、当社にジョインしてみませんか。

デジタルマーケティングの常識を創るという大きな夢を実現するため、ぜひ力を貸してください。

おわりに――若い力を信じています

ビジネスにおいては、若さがマイナスに捉えられる場合と、プラスに働く場合があります。

実績が重視される経営や事業統括のような職種ではマイナスに働くでしょう。しかし、デジタルマーケティングの現場では明らかにプラスに働きます。

現在、日本企業をけん引しているのは、皆さんのようなデジタル・ネイティブ世代ではなく、インターネットが普及する前に生まれた40～50代のデジタル・イミグラント世代です。

昔、ガラケーやPHS、ポケットベルを使っていた世代で、そうした人々の中には、実は「スマホを使いこなせていない」「グーグルアナリティクスって何だ？」という人もいます。

そういった方々の中には、「今どきの若者は苦労を避ける」と批判する人もいるでしょう。
しかし、私にいわせれば苦労を避けているのではなく、より現実的で無駄を省く姿勢が徹底しているのだと思います。

その価値観を如実に反映しているのがウーバーイーツの宅配サービス活用や、ティックトックでの短編動画の視聴、ペイペイなどのキャッシュレス決済の浸透にあると考えております。若者の価値観に学ぶことがイノベーションにつながることを経営者は理解しなければなりません。

若い力を信じなければ、会社の未来はないとさえ考えています。

デジタル技術はＡＩの発展とともに今後ますます先鋭化し、目まぐるしく変化することでしょう。デジタルデバイドもいっそう拡大する可能性があります。
変化に敏感に対応し、次々と登場する新たなテクノロジーに順応できるのは、デジタル・ネイティブである若いみなさんです。

ただし、漫然と過ごしていては価値を生み出す人材にはなれません。プロとしての意識と覚悟を持てるかどうか、そこがキャリアの分岐点となります。

デジタル・ネイティブであるみなさんも、私たちと同じハードスキル重視の教育を受けてきています。

このままでは優れた能力やセンスを開花しきれないまま、埋没してしまうかもしれません。

「みんなと同じでなければならない」「自己主張しない」「リスクは避ける」といった固定観念から脱却し、自由な発想を持ってソフトスキルを磨き続けることが未来を築く力になります。

本書を読んだ人が、少しでも未来への希望を持って新しいことにチャレンジしてくれたなら、それに勝る喜びはありません。

できない理由を並べるのは誰にでもできます。できる理由を追求し続け、それをデジタルで実現するのがＤＸであると思います。

ネガティブをポジティブに転換する姿勢が問われているわけです。
人が心を動かされるのも、まさにワクワクする状況に直面したときでしょう。
マーケティングではロジカルな思考も問われますが、仕事を楽しむためには
ワクワクする要素や遊び心、探究心が望まれます。
ワクワクとは未来への投資であり、未来への希望でもあります。

若い力とデジタルマーケティングには無限の可能性があります。

ワクワクするマーケティングを世の中に広めることが日本を強くするキーワードといえるかもしれません。

そんな未来を描きながら、グランネットはこれからもデジタルマーケティングの最前線を走り続けていきます。

若いみなさんとデジタルマーケティングの現場で新たな価値をともに創り上げる日を夢見て——。

２０２４年４月吉日

株式会社グランネット　代表取締役　山本真俊

ゼロから始めるデジタルマーケティング

~「挑戦したいを叶える」ために必要なこと~

2024年4月26日　第1刷発行

著者　山本真俊
発行者　鈴木勝彦
発行所　株式会社プレジデント社
〒102-8641
東京都千代田区平河町2-16-1 平河町森タワー13階
https://www.president.co.jp/　https://presidentstore.jp/
電話　編集 03-3237-3733
販売 03-3237-3731

構成　金子芳恵
販売　高橋 徹、川井田美景、森田 巌、末吉秀樹
装丁　鈴木美里
組版　清水絵理子
校正　株式会社ヴェリタ
制作　関 結香
進行　木村朱里（イマジナ）
編集　金久保 徹

印刷・製本　大日本印刷株式会社

本書に掲載した画像の一部は、
Shutterstock.comのライセンス許諾により使用しています。

ISBN978-4-8334-5221-2
Printed in Japan
落丁・乱丁本はお取り替えいたします。